KB042003

수학으로 배우는

파이썬

저자 다나카 카즈나리 **+** 번역 유세라

YoungJin.com **Y.**
영진닷컴

수학으로 배우는
파이썬

Original Japanese language edition
SANSU DE WAKARU PYTHON PROGRAMMING
by Kazunari Tanaka
Copyright ⓒ 2017 Kazunari Tanaka
Korean translation rights arranged with Ohmsha, Ltd.
through Japan UNI Agency, Inc., Tokyo and Korea Copyright Center, Inc., Seoul

ISBN 978-89-314-5985-2

독자님의 의견을 받습니다.

이 책을 구입한 독자님은 영진닷컴의 가장 중요한 비평가이자 조언가입니다. 저희 책의 장점과 문제점이 무엇인지, 어떤 책이 출판되기를 바라는지, 책을 더욱 알차게 꾸밀 수 있는 아이디어가 있으면 팩스나 이메일, 또는 우편으로 연락주시기 바랍니다. 의견을 주실 때에는 책 제목 및 독자님의 성함과 연락처(전화번호나 이메일)를 꼭 남겨 주시기 바랍니다. 독자님의 의견에 대해 바로 답변을 드리고, 또 독자님의 의견을 다음 책에 충분히 반영하도록 늘 노력하겠습니다.

이메일 support@youngjin.com
주　소 (우)08505 서울시 금천구 가산디지털 2로 123 월드메르디앙벤처센터 2차 10층 1016호

저자 다나카 카즈나리 | **번역** 유세라 | **총괄** 김태경 | **기획** 정소현 | **디자인 · 편집** 김소연
영업 박준용, 임용수 | **마케팅** 이승희, 김다혜, 김근주, 조민영 | **제작** 황장협 | **인쇄** 예림인쇄

지금은 초등학생이 컴퓨터 프로그래밍을 하는 시대가 되었습니다. 이 책은 수학을 싫어하는 대학생 경민이가 초등학교 수학을 다시 공부하면서 파이썬 프로그래밍을 배우는 이야기입니다. 그런데 경민(원서에서는 가스군이지만 편의상 본문에선 경민으로 소개합니다.)은 도대체 누구일까요?

제 이름은 카즈나리이고, 어릴 때는 가스군이라 불렸는데 제가 주인공은 아닙니다. 초등학교 시절, 아버지가 저에게 읽고 쓰기와 함께 수학 문제를 가르쳐 주셨는데 그 시대의 저희 집에는 컴퓨터는 커녕 계산기도 없었습니다. 실은 저의 아버지도 이름에 일(一) 글자가 들어가 가스군이라고 불렸습니다. 분명 틀림없이 어릴 때, 이름에 일(一) 글자가 들어간 할아버지께서 읽고 쓰기와 수학을 가르쳐 주셨을 거라 생각합니다.

그래서 제 아들도 이름에 일(一) 글자가 있는 가스군입니다. 저희 집안의 남자아이는 대대로 가스군입니다. 제가 했던 읽고 쓰기와 수학 외에 보급이 시작되었던 컴퓨터의 사용법도 아들에게 가르쳐 주었습니다. 성장한 가스군은 컴퓨터에 대해서는 저보다 많이 공부해서 더 잘 사용할 수 있게 되었습니다.

이 책을 쓰면서 거실의 테이블에서 아들에게 공부를 가르쳤던 광경과 테이블에서 가스군이었던 아버지한테서 공부를 배웠던 저를 떠올렸습니다. 그래서 등장하는 남자의 이름은 망설이지 않고 가스군으로 했습니다.

이 책에서는 프로그래밍 언어로 Python을 사용했습니다. 이것은 Windows에서만 아니라 Linux/Unix, macOS와 같은 많은 OS에서 공통적으로 사용할 수 있으므로 완전히 같은 프로그램이 다른 종류의 컴퓨터상에서 그대로 동작하는 응용 범위가 넓은 프로그래밍 언어입니다. 또한, 과학 기술 계산이나 기계학습, 대규모의 소프트웨어 개발 등 많은 분야에서 사용되고 있습니다.

한편으로 읽고 쓰기가 쉽고, 사용이 재미있는 인기가 많은 언어로 초보자도 학습하기 쉽다고 여겨지고 있습니다.

Python을 잘 아는 사람이 읽으면 「Python의 편리한 기능을 사용해 더욱 능숙하게 프로그램을 할 수 있는데」라고 생각되는 부분도 많을 거라 생각합니다. 그런데 초보자인 경민이가 Python 프로그래밍의 한 걸음을 내딛는 기본 중의 기본부터 공부하기 위해서 「능숙한 프로그램」이 아닌 「이해하기 위한 프로그램」으로 되어 있는 것을 이해해주세요.

이제부터 경민이가 Python으로 프로그래밍 기본을 배웁니다. 독자 여러분도 경민이가 될 생각으로 Python 프로그래밍과 기초 수학을 다시 배우는 걸 함께 즐겨주세요.

2017년 10월

다나카 카즈나리

목차

경민이의 큰 위기!

 야단났네... 어떡하지.

어느 날, 대학의 연극 동아리 교실에서 신입생 경민이가 머리를 싸매고 있습니다.

 경민아, 왜 그래?

라고 말하며, 교실에 3학년 윤정 선배가 왔습니다.

 아, 선배. 좋은 아침이에요.

 아침부터 뭘 고민하고 있어?

 실은... 학점이 위험해요. 앞으로 복지 관련 일을 하고 싶어서 이 대학에 입학했는데 복지 업무에는 ICT나 AI[*1], 정보화가 필요하다고 들어서 어쩔 수 없이 정보 처리 강좌를 신청했더니 너무 어려워서 따라갈 수가 없어요. 게다가 다다음주에는 중간 테스트가 있는데 이걸 통과하지 못하면 교수님이 이제 오지 않아도 된다고 그러셨어요.

 정보 처리 강좌에선 뭘 배워?

 프로그래밍 강좌요. 처음에는 재미있다고 느꼈는데 갑자기 객체 지향, 스크립트, 변수가 나오니... 프로그램 그 자체를 잘 모르는데...

[*1] ICT : Information and Communication Technology(정보 통신 기술), AI : Artificial Intelligence(인공지능)

우리가 무대에서 연극을 할 때 쓰는 각본 있지? 누가 어떤 순서로 대사를 읊을지, 어떤 동작을 할지가 각본에 쓰여 있잖아. 프로그램은 컴퓨터에게 뭘 할지를 지시하는 각본이라고 생각하면 돼. 어떤 극이 될지는 각본의 바탕이 되는 원작으로 정해지는데 이것이 알고리즘과 비슷한 거야.

선배는 공학부이고, 시스템 엔지니어를 목표로 하고 있으니 프로그래밍은 뭐든지 알겠지만 저는 수학도 못 하고, 어려운 건 더욱 몰라요.

갑자기 각본을 쓴다고 하면 아무도 셰익스피어의 명작처럼 쓸 수 없어. 그렇지만 간단한 이야기라면 경민이도 쓸 수 있을 것 같지? 모를 때는 아는 곳까지 돌아가 봐.

그렇게 말하면 초등학교까지 돌아가야 해요.

그럼 초등학교까지 돌아가 보자!

네? 초등학생이 프로그래밍을 해요? 요즘 듣고 있는 강의가 Python인데 프로그램을 보면 영어나 알파벳이 나열돼 있어 전혀 모르겠어요.

Python은 원래는 "비단구렁이"라는 의미인데, 만든 사람이 텔레비전 방송을 보고 떠올린 이름이야. 종류가 다른 많은 컴퓨터에서 그대로 동작하고. 앞으로도 여러 분야에서 응용 범위가 넓을 거야. 무엇보다 처음 프로그램을 공부하는 사람도 쉽게 배울 수 있다는 게 장점이지.

그래도, 수학은 잘 못 해요.

그러니까 초등 수학부터 해도 괜찮아. 프로그래밍을 어려운 수학이나 과학의 문제에 사용해야만 하는 건 아니야. 항상 스마트폰으로 하는 게임 있잖아? 그것도 프로그램으로 동작하고 있는 거야.

시금부터 시삭해서 앞으로 2수밖에 시간이 없는데 초등 수학부터 해도 괜찮을까요?

 그러니까 시작하는 건 조금이라도 빠른 게 좋지. 동아리 활동 다음에 Python 프로그래밍을 특별 훈련하자.

 그럼, 해볼게요. 선배, 프로그래밍을 알려주세요!

이렇게 윤정 선배가 경민이에게 Python[2] 프로그래밍을 가르쳐 주게 되었습니다.

---

[2] 이 책의 프로그램에는 Python3.7.0을 사용하고 있습니다.

등장인물 소개

경민   윤정

⚙ **최경민**

아무개 대학의 복지계열 학부에
올해 입학한 대학 1학년생.
연극 동아리 부원. 요즘, 정보 처리
강좌를 신청해 학점이 위험하다.

⚙ **김윤정**

같은 대학 공학부 3학년생.
연극 동아리의 선배. 장래 지망은
시스템 엔지니어 관련 일. 신조는
「모를 때는 아는 곳까지 돌아간다」

이 책에서 경민이와 윤정 선배가 만든 프로그램은 영진닷컴 홈페이지(http://www.
youngjin.com/reader/pds/pds.asp)에서 내려 받을 수 있습니다.

[주의] • 책 파일은 이 책을 구입한 분만 이용할 수 있습니다. 또한, 책 파일의 저작권은
            이 책의 저작권자인 다나카 카즈나리씨에게 귀속합니다.
         • 책 파일을 이용함에 있어 직접 또는 간접적 손해에 관해서 저작자 및 영진닷컴
            에서는 일체 책임을 지지 않습니다. 이용은 이용자 개인의 책임으로 합니다.

선배, Python 프로그램 특별 훈련 부탁드려요! 초등학생으로 돌아간 기분으로 열심히 하겠습니다.

먼저 이 문제부터 시작해보자. 처음은 경민이가 스스로 계산해봐.

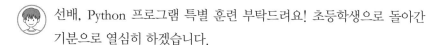

문제 ①

사과는 1개에 150원, 귤은 1개에 30원입니다. 사과를 5개, 귤을 3개 사면 전부 얼마일까요?

보통 계산 문제인데 이런 게 프로그램 문제인가요?

컴퓨터는 예전에는 「전자계산기」로 불린 것처럼 계산을 하는 기기잖아. 오늘은 계산 연습이 아니니까 계산기를 써도 괜찮아. 어떤 순서로 계산을 할지 잘 생각하면서 풀어봐.

해볼게요. 사과는 150×5=750원, 귤은 30×3=90원. 사과 가격은 750원이었으니까 750+90=840원이 되었어요.

자, 사과가 126개, 귤이 85개면 얼마?

엄청 많이 사네요. 그렇지만 계산기니까 괜찮아요. 사과는 150×126= 18,900원. 귤은 30×85=2,550원. 계산하면... 어? 사과는 전부 얼마였지?

사과 가격 잊었어?

 네... 맞아요. 죄송해요.

 그럴 때는 계산기의 메모리를 사용해.

 그렇지. 이번은 메모리를 사용해서 계산할게요. 150×126 M+를 누르면 18,900이 되고, 다음은 귤로 30×85 M+를 눌러서 2,550. 마지막은 메모리 값을 화면에 나오게 MR을 누르면... 21,450이 나왔으니까 전부해서 21,450원이요.

 응. 잘했어. 그런데 메모리를 사용한 후에 다른 계산을 하기 전에는 MC로 메모리 내용을 클리어 해.

 알겠습니다. 그런데 메모리 기능이 있는 계산기가 편리한 건 알겠는데 이런 게 프로그램이랑 상관있어요?

 경민아, 오늘 아침에 「변수도 뭔지 모르겠어요」라고 말했잖아? 계산기의 메모리가 사실은 변수야.

 메모리가 변수라뇨?

 계산기에는 메모리가 1개 밖에 없지만 컴퓨터에서 프로그램을 사용할 때는 몇 개가 되어도 상관없이 메모리를 사용할 수 있어. 여기서는 메모리가 아닌 변수라고 부르지.

 변수라고 하니까 어렵게 느껴지는데 계산기의 메모리라고 생각하면 되겠네요.

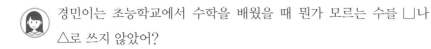

경민이는 초등학교에서 수학을 배웠을 때 뭔가 모르는 수를 □나 △로 쓰지 않았어?

썼었죠. 그 밖에도 ○나 안을 검게 칠해 ■도 썼어요.

그런 것도 변수인거야. 중학교에 들어가면 수학에 문자식을 배워, □나 △ 대신에 알파벳 a나 b, x로 썼었잖아? 프로그램에서는 변수를 많이 사용하니까 어떤 변수가 뭘 나타내고 있는지 알 수 있게 이름을 알파벳 이나 숫자를 조합해서 붙여.

알파벳이랑 숫자를 조합해서 이름을 붙이게 되면 몇 개가 되어도 이름을 붙일 수 있겠어요. 그래서 많은 메모리를 사용할 수 있는 거네요.

그럼 경민이가 사과랑 귤 가격을 계산한 방법을 정리해보자. 알고리즘은 각본을 만든 원작과 같은 의미로 문제를 해결하기 위한 절차나 방법을 순서대로 정리한 거야. 이 알고리즘을 알기 쉽게 그림으로 나타낸 것이 플로차트이고, 다른 말로 「흐름도」라고도 해.

플로차트도 잘 모르고, 갑자기 그리려고 하니 더 모르겠어요.

경민이는 계산 방법, 즉, 알고리즘을 알고 있으니까 처음에는 내가 그린 플로차트를 보면서 어떤 것인지 확인해보자.

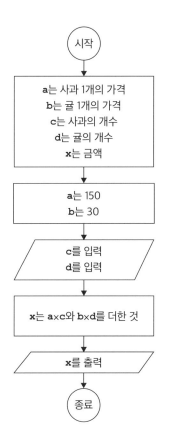

 이게 플로차트에요? 알파벳도 많이 있고, 뭔가 어려울 것 같아요.

 진정하고 잘 봐. 알파벳이라고 해도 메모리의 이름에 알파벳을 사용하고 있을 뿐이야. 천천히 위에서부터 아래까지 읽어봐.

 처음에 「시작」이라고 쓰여 있는데, 여기부터 시작하는 건가요? 다음 사각 박스 안에 a는 사과 1개의 가격이라고 쓰여 있어요. 아! 그럼 a는 사과 하나 가격의 숫자가 들어 있는 메모리인거네요. b는 귤 1개의 가격이 들어 있는 메모리로, c는 사과의 개수, d가 귤의 개수라고 쓰여 있고 x가 금액인 건가요?

메모리, 즉, 변수가 무엇을 나타내고 있는지 처음에 제대로 정하지 않으면 많은 변수가 어떤 것인지 알 수 없게 되니까 주의해야 돼.

  다음 사각 박스에서 a는 150, b는 30이라고 쓰여 있는데 사과 1개가 150원, 귤 1개가 30원이었으니까 그대로네요.

  그래. 플로차트는 경민이 계산한 방법, 즉, 알고리즘을 그대로 정확하게 나타내도록 그려져 있어.

  하지만 다음은 정사각형도 직사각형도 아닌 평행사변형이네요.

  직사각형 안에는 컴퓨터의 내부에서만 하는 것이 쓰여 있어. 여기서는 컴퓨터가 전부 처리를 해주니까 사람은 아무것도 하지 않아도 되지. 평행사변형에는 컴퓨터의 밖에서 즉, 키보드로 사람이 숫자를 입력하거나 모니터 화면에 사람이 볼 수 있게 표시하게 돼 있어. 단어 몇 개를 기억해. 컴퓨터가 하는 것을 「처리」, 키보드로 숫자 등을 사람이 입력하는 걸 「입력」, 모니터 화면에 사람이 볼 수 있게 숫자나 문자를 표시하는 걸 「출력」. 이 단어를 사용하면 「평행사변형 안에는 입력이나 출력하는 처리」한다는 것이 되는 거지.

  전문 용어는 어려워요.

  확실히 어려워 보이긴 해도 그 단어의 의미를 알고 있는 사람과 사람 사이에서는 의미가 통하겠지?

  그렇겠네요. 다음 평행사변형 안은 입력과 출력을 하네요. 「c를 입력」이라고 쓰여 있는데 c는 사과 개수의 변수였으니까 키보드로부터 사과의 개수를 변수 c에 넣어요. d는 귤의 개수니까 키보드로부터 귤의 개수를 변수 d에 입력하는 거네요.

  그렇지. 다음은 어떻게 될까?

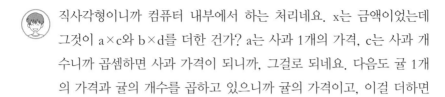

직사각형이니까 컴퓨터 내부에서 하는 처리네요. x는 금액이었는데 그것이 a×c와 b×d를 더한 건가? a는 사과 1개의 가격, c는 사과 개수니까 곱셈하면 사과 가격이 되니까, 그걸로 되네요. 다음도 귤 1개의 가격과 귤의 개수를 곱하고 있으니까 귤의 가격이고, 이걸 더하면 전체 가격이 돼요. 이거 제가 계산했던 것 그대로네요.

마지막은 어떨까?

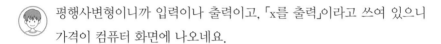

평행사변형이니까 입력이나 출력이고, 「x를 출력」이라고 쓰여 있으니 가격이 컴퓨터 화면에 나오네요.

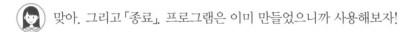

맞아. 그리고 「종료」. 프로그램은 이미 만들었으니까 사용해보자!

윤정 선배가 Python 프로그램을 실행합니다.

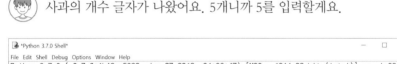

사과의 개수 글자가 나왔어요. 5개니까 5를 입력할게요.

```
*Python 3.7.0 Shell*                                               —   □   ×
File Edit Shell Debug Options Window Help
Python 3.7.0 (v3.7.0:1bf9cc5093, Jun 27 2018, 04:06:47) [MSC v.1914 32 bit (Intel)] on win32
Type "copyright", "credits" or "license()" for more information.
>>>
======== RESTART: C:\Users\SELA\Downloads\PythonCode\PythonCode\Q1.py ========
사과의 개수 :
                                                                     Ln: 2 Col: 64
```

숫자를 입력했으면 「Enter」키를 눌러.

네. 다음은 귤의 개수네요. 3을 입력할게요.

```
*Python 3.7.0 Shell*                                               —   □   ×
File Edit Shell Debug Options Window Help
Python 3.7.0 (v3.7.0:1bf9cc5093, Jun 27 2018, 04:06:47) [MSC v.1914 32 bit (Intel)] on win32
Type "copyright", "credits" or "license()" for more information.
>>>
======== RESTART: C:\Users\SELA\Downloads\PythonCode\PythonCode\Q1.py ========
사과의 개수 :5
귤의 개수 :3
                                                                     Ln: 6 Col: 7
```

가격은 840원이라고 맞게 나왔어요. 이건 어떤 프로그램인가요?

```
Python 3.7.0 Shell                                                  —    □    ×
File  Edit  Shell  Debug  Options  Window  Help
Python 3.7.0 (v3.7.0:1bf9cc5093, Jun 27 2018, 04:06:47) [MSC v.1914 32 bit (Intel)] on win32
Type "copyright", "credits" or "license()" for more information.
>>>
======== RESTART: C:\Users\SELA\Downloads\PythonCode\PythonCode\Q1.py ========
사과의 개수 : 5
귤의 개수 : 3

가격은 840 원
>>> |
```

 이것이 Python으로 만든 첫 번째 프로그램이야.

```
#Q1
#변수의 의미
#a : 사과 1개의 가격
#b : 귤 1개의 가격
#c : 사과의 수
#d : 귤의 수
#x : 금액
a=150    #사과 1개의 가격을 150원으로 지정
b=30     #귤 1개의 가격을 30원으로 지정

c=int(input('사과의 개수 :'))  #사과의 수를 입력
d=int(input('귤의 개수 :'))    #귤의 수를 입력

x=a*c+b*d  #금액을 계산

print()
print('가격은',x,'원')  #계산 결과를 출력
```

 이거 어떻게 만든 거예요? 알려주세요!!

윤정 선배가 알려주는 프로그램의 설명

지금부터는 플로차트를 바탕으로 만든 Python 프로그램에 대한 설명입니다. 실제로 프로그램을 만들고 실행하려면 이 페이지를 읽기 전에 부록(P.159)을 먼저 읽고 준비를 해주세요.

프로그램은 플로차트와 마찬가지로 위의 행부터 아래 행을 향해서, 어떠한 처리를 할지가 차례대로 쓰여 있습니다. 각각의 행에는 「컴퓨터에게 무언가를 하세요」라는 처리 내용이 쓰여 있습니다. 이처럼 프로그램에서는 행의 순서가 매우 큰 의미를 갖고 있음을 이해하세요. 또한, 곳곳에 공백 행이 있는데 프로그램의 실행상, 공백 행의 존재는 영향이 없습니다. 처리의 전후를 공백 행으로 하여 이해하기 쉽게 하고 있습니다.

그리고 이 프로그램에서 먼저 알 수 있는 것은 #(샵)이 많이 사용되고 있다는 것입니다. Python 프로그램에서 # 뒤에는 어떤 것이 쓰여 있어도 공백 행과 마찬가지로 프로그램의 실행에 영향을 주지 않습니다.

이러한 #의 사용법은 이해하기 쉬운 Python 프로그램이라 해도 나중에 다시 보거나 다른 사람이 만든 프로그램을 읽으면 무엇을 어떻게 처리하고 있는지 이해할 수 없을 때가 있어서 처리 내용을 주석으로 자유롭게 # 뒤에 적을 수 있게 돼 있습니다. 실제로 프로그램을 만들 때는 이해하기 쉽게 주석을 달도록 합시다.

처음 #에는 Q1이라고 있는데 이건 프로그램의 이름입니다. 다음에 변수의 의미로서 어떤 변수가 무엇을 나타내고 있는지를 설명합니다. 이처럼 이 책에서는 초보자가 이해하기 쉽게 하기 위한 생각으로 맨 앞에 프로그램명, 이어서 각 변수의 설명을 주석으로 해 놓았는데 Python에서 꼭 그렇게 해야 한다고 정해져 있는 건 아닙니다. 스스로 프로그램을 만들 때는 이해하기 쉽도록 여러 가지의 주석 작성법을 생각해보세요.

프로그램의 도중에도 주석이 쓰여 있습니다. 이것도 무엇을 어떻게 쓸지에 대해서는 특별히 정해진 건 없습니다. 프로그램을 만들 때만 아니라 나중에 수정이나 오류를 찾거나 할 때 편리하므로 충실하게 작성해두면 좋겠죠?

다음부터는 드디어 실제로 처리하는 내용의 행입니다. a=150은 「a를 150으로 한다」에 대응하는 처리입니다. 여기에서의 「=」은 「같다」는 의미가 아닌 변수에 수치를 넣는다라는 즉, 대입한다는 의미로 감각적으로는 「←」에 가깝습니다. 그러고 나서, a는 숫자 150으로써 사용할 수 있습니다. 이것은 계산기의 메모리와 완전히 같은 동작을 하는 걸 이해해주세요. 변수 b에 대해서도 같습니다.

다음의 c=int(input('사과의 개수 :'))는 플로차트에서 입력이나 출력을 하는 평행사변형에 있는 「c를 입력」에 상응하는 처리입니다. 여기에 사용한 「=」도 a=150과 같은 사용법으로 우변에 키보드로부터 입력한 수치를 변수 c에 대입하는 것입니다.

일반적인 input을 사용한 문은 다음과 같습니다(「input 문」이라는 표현법으로 합니다). input 문의 맨 앞은 I(대문자)가 아닌 i(소문자)를 사용하는데 Python에서는 input 문뿐만 아니라 행의 맨 앞에도 반드시 소문자를 사용해야 하니 주의합시다(소문자로 하지 않으면 오류가 발생합니다).

> 변수명=**input**('메시지')

int가 어딘가로 가버리고 말았는데 그 설명은 뒤에서 합니다. 주의해야 할 것은 input 문에서 키보드로부터 입력되는 것은 수치가 아닌 문자이다라는 것입니다. 예를 들어, 입력한 「5」는 숫자 5가 아닌 문자 5입니다.

이 문자 5에 대해서는 야구 선수의 등 번호와 같은 것으로 등 번호 16번 선수가 등 번호 1인 선수보다도 무언가가 16배인 것이 아닌 단순하게 선수를 구별하기 위한 기호 같은 것과 비슷합니다.

이처럼 input으로 입력되는 것은 단순한 문자이므로 그것이 숫자로서 동작할 수 있게 하는 것이 int의 기능입니다. int 뒤의 ( ) 안에 있는 문자를 수치, 그것도 정수(0, 1, 2, 3과 같이 소수점 이하의 숫자가 없는 수)로 변환하는 동작이 있습니다. 변수 c는 사과의 개수이므로 여기에서 입력하는 것은 정수입니다.

정리하면 변수에 사과의 개수와 같은 정수를 키보드로부터 입력하는 일반적인 문은 Python에서는 다음과 같습니다.

```
변수명=int(input('메시지'))
```

입력할 때 무엇을 입력하고 있는지를 알 수 있도록 표시하는 메시지는 「' '」나 「" "」로 둘러 싸인 내용입니다. Python에서는 어떤 기호를 사용해도 결과는 같습니다. 구분해 사용하는데 특별히 정해진 룰은 없고 이 책에서는 「' '」로 통일하고 있습니다. 메시지에는 어떤 수치를 입력하고 있는지 등, 자신만이 아닌 다른 사람이 사용하는 경우도 생각해 이해하기 쉽게 메시지를 작성합시다.
다음의 x=a*c+b*d인데, 플로차트대로 a×c와 b×d를 더한 것을 x에 대입하는 처리입니다. 「=」의 의미는 앞에서 설명한 대로입니다. Python은 우리가 보통 사용하는 것과 같은 규칙으로 계산식을 계산합니다.

● **계산식의 계산 규칙**
· 곱셈과 나눗셈은 덧셈이나 뺄셈보다 먼저 계산한다.
· ( ) 안은 먼저 계산한다(사용하는 것은 ( )만으로, { }나 [ ]는 사용하지 않는다).

따라서 덧셈이나 곱셈이 많은 복잡해 보이는 길이가 긴 식도 그대로 적을 수 있습니다. 또한, 곱셈은 「×」 대신에 「*」, 나눗셈은 「÷」 대신에 「/」를 사용해야 하니 주의합시다.

마지막의 평행사변형에 있는 「x를 출력한다」가 print 문입니다. 첫 print( )는 건너뛰고, 다음의 print('가격은', x, '원')에 대해서 설명합니다. 「" "」 또는 「' '」로 둘러 싸인 것이 표시하는 메시지인 것은 input과 같습니다. x는 변수 x로 이들이 「,」로 연결돼 있고, print 문의 ( ) 안에 들어 있습니다. 이것을 실행하면 이어진 메시지나 변수 값이 순서대로 출력됩니다. 이 print 문으로 출력된 결과는 경민이가 시험한 화면에서 확인합시다.

일반적인 print 문은 다음과 같습니다.

---

print(「, (콤마)」로 연결된 변수나 메시지)

마지막으로 print( )에 대한 설명입니다. ( ) 안에 아무것도 쓰지 않으면 공백행을 1행 출력합니다. 사과나 귤의 수를 입력한 행에 계속해서 결과를 출력하면 보기 나쁘므로 print( )로 1행 띄웁니다. 이로써 윤정 선배로부터의 설명은 여기까지입니다.

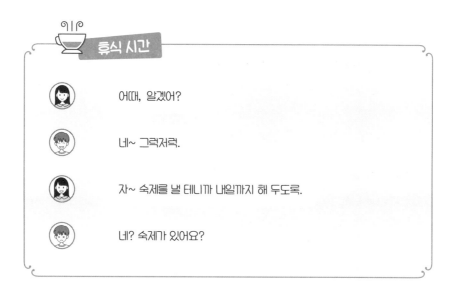

숙제 ①

사과 1개를 200원, 귤 1개를 40원이라고 했을 때 플로차트와 프로그램은
어떻게 될까요?

해답 플로차트와 프로그램은 사과 1개의 가격(변수 a) 150을 200으로, 귤 1개의 가격(변수
b) 30을 40으로 바꾸는 것뿐입니다. 어디에 쓰여 있는지를 잘 살펴보세요.

시작

---

a는 사과 1개의 가격   c는 사과의 개수
b는 귤 1개의 가격   d는 귤의 개수
x는 금액

---

a는 ~~150~~ 200   b는 ~~30~~ 40

---

c를 입력   d를 입력

---

x는 a×c와 b×d를 더한 것

---

x를 출력

종료

```
#Q1_1
#변수의 의미
#a : 사과 1개의 가격
#b : 귤 1개의 가격
#c : 사과의 수
#d : 귤의 수
#x : 금액

a=200  #사과 1개의 가격을 150원에서 200원으로 변경
b=40   #귤 1개의 가격을 30원에서 40원으로 변경

c=int(input('사과의 개수 :'))   #사과의 수를 입력
d=int(input('귤의 개수 :'))     #귤의 수를 입력

x=a*c+b*d   #금액을 계산

print( )
print('가격은',x,'원')   #계산 결과를 출력
```

사과와 귤의 1개의 가격을 매번 입력하는 플로차트와 프로그램은 어떻게 될까요?

해답 변수 a와 변수 b에 수치를 대입하는 것이 아닌 키보드로부터 입력하게 바꿉니다. 변수 c와 변수 d는 키보드로부터 입력하고 있으므로 플로차트나 프로그램을 똑같이 바꿀 뿐입니다. 주의해야 할 점은 플로차트는 직사각형에서 평행사변형으로 바꿉니다. 프로그램에서는 메시지를 「사과 1개의 가격」, 「귤 1개의 가격」으로 두었는데 다른 작성법으로 해도 됩니다.

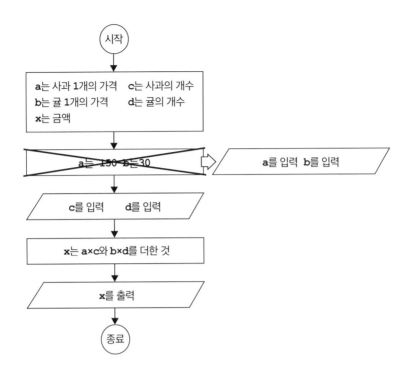

#Q1_2
#변수의 의미
#a : 사과 1개의 가격
#b : 귤 1개의 가격
#c : 사과의 수
#d : 귤의 수
#x : 금액

a=int(input('사과 1개의 가격 :')) #사과의 가격을 입력
b=int(input('귤 1개의 가격 :'))   #귤의 가격을 입력

c=int(input('사과의 개수 :')) #사과의 수를 입력
d=int(input('귤의 개수 :'))   #귤의 수를 입력

x=a*c+b*d #금액을 계산

print( )
print('가격은',x,'원') #계산 결과를 출력

 어제 프로그램은 재미있었어?

 …지쳤어요.

 어째서?

 결국, 컴퓨터를 사용하고 있어도 계산기를 사용해서 계산하는 건 같
잖아요. 프로그램을 만드는 수고를 생각하면 계산기로도 되는 거 아
닌가 하고 생각했어요.

 그럼, 조금 어려운 문제를 낼게. 오늘도 먼저 경민이 계산기로 계산해봐.

문제 ②

사과는 하나에 150원, 귤은 하나에 30원입니다. 사과는 10개 이상 사면
10% 할인입니다.

1) 사과를 5개, 귤을 3개 사면 전부 얼마일까요?
2) 사과를 15개, 귤을 8개 사면 전부 얼마일까요?

 메모리 붙어 있는 계산기로 계산하면 쉽게 해내겠어요. 우선, 1번은
사과가 5개여서 10% 할인은 되지 않으니까 150×5 M+로 750. 다음
은 30×3 M+로 90, 마지막에 MR을 누르면 840원입니다.

맞아, 정답. 2번은 어떻게 될까?

 처음에 MC를 누르고 메모리를 클리어. 이번에는 사과가 15개니까 사과가 10% 할인. 1−0.1=0.9니까 0.9를 사과의 가격에 곱합니다. 그러면 150×15=2,250이고, 2,250×0.9 M+로 2,025. 꿀은 그대로 계산하면 30×8 M+로 240, 마지막에 MR을 누르면 2,265원입니다.

 기특하네. MC로 메모리를 클리어도 하고. 10%는 0.9를 곱하는 것도 초등학교 때 배운 대로네.

 헤헤. 그 정도는 알고 있어요.

 그런데 문제의 1번과 2번의 계산 방법에서 가장 다른 것은 어디일까?

 사과의 개수가 10 이상인 경우와 10 미만인 경우에 계산 방법이 다른 부분이죠?

 어제 프로그램을 사용해서 계산하면 어떻게 될까?

 1번의 정답은 맞지만 분명히 2번은 답이 다를 거예요.

 어떻게 하면 제대로 값이 나올 것 같아?

 으~음...그렇네. 새로운 프로그램을 만들어야 하겠네요!

 어떤 프로그램을 만들어?

 어제 플로차트를 조금 바꿔서 설명해볼게요.

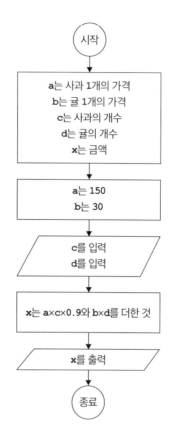

 어제 플로차트와 어디가 달라?

 모르겠어요? x 계산에서 사과의 가격에 0.9를 곱하고 있어요. 사과가 10개 이상일 때는 이쪽 프로그램을 사용하면 올바른 답이 나와요.

 이거면 2번은 제대로 계산되고, 1번은 계산할 수 없네.

 그러니까 사과가 10개 미만일 때는 어제 프로그램을 사용해요. 빨리 이 프로그램 만들어요!

 서두르지 말고, 조금 생각해보자. 2개의 프로그램이 있고, 어느 걸 사용할지는 경민이가 생각해야겠네?

그렇죠.

 그럼, 이런 방법도 있어. 플로차트를 보자.

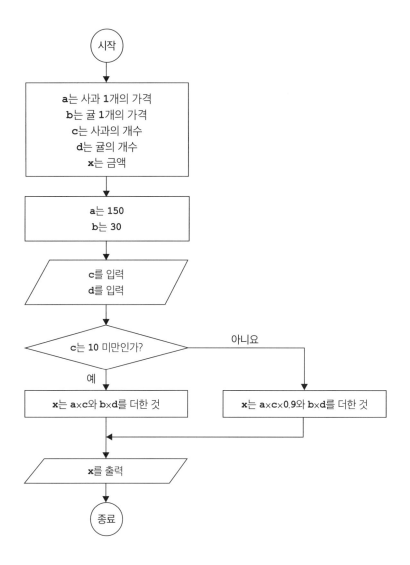

마름모가 나왔어요. 이건 뭔가요? 2개의 화살표가 다른 방향으로 나뉘어져 있네요.

 이건 조건 분기라는 방법이야.

 조건 분기? 뭔가 어려워 보여요.

 단어는 어려워 보이는데, 매우 편리해. 조금 전, 경민이가 「어떤 프로그램을 사용할지는 자기가 생각한다」라고 했는데 조건 분기를 사용하면 컴퓨터가 자동으로 생각해서 처리해줘.

 컴퓨터가 생각해…준다?

 그 대신, 어떨 때에 어떤 처리를 할지는 정확하게 정해 두지 않으면 컴퓨터도 제대로 못하니까 주의해야 해. 마름모 안을 봐.

 「c는 10 미만일까?」라고 쓰여 있네요. c는 사과의 개수였으니까 c가 10 미만이면 그대로, 10 이상이면 10% 할인이요.

 마름모에서 나와 있는 2개의 화살표에 뭐라고 써 있지?

 「예」와 「아니요」라고 쓰여 있어요. 그러니까, 「c는 10 미만?」 질문에 「예」일 때는 「예」라고 쓰여 있는 화살표 방향으로, 「아니요」일 때는 「아니요」라고 쓰여 있는 화살표의 방향으로 진행해요. 이거 주사위 놀이에 「여기에 멈추면 주사위를 흔들어서 1, 3, 5가 나오면 오른쪽으로 진행」하는 거랑 비슷하네요.

 여기에 오면 질문의 답으로 갈 곳이 자동으로 바뀌는 것이 주사위 게임이랑 비슷한 건 재미있네. 이 플로차트의 프로그램은 이미 만들었으니까 실행해보자.

윤정 선배가 컴퓨터에 프로그램을 입력하고 실행합니다.

 그럼, 1번은 사과가 5개, 귤이 3개를 입력할게요.

 앞에서 계산한 답이랑 같네요.

 이번은 2번을 시험해보자.

 사과가 15개, 귤이 8개네요.

 같은 답이 나왔다! 이거 제대로 사과 가격을 할인하고 있네요.

 조건 분기가 제대로 되고 있어서 그래.

PYTHON

 어떤 프로그램이에요?

 이거야.

```
#Q2
#변수의 의미
#a : 사과 1개의 가격
#b : 귤 1개의 가격
#c : 사과의 수
#d : 귤의 수
#x : 금액

a=150    #사과 1개의 가격을 150원으로 지정
b=30     #귤 1개의 가격을 30원으로 지정

c=int(input('사과의 개수 :'))   #사과의 수를 입력
d=int(input('귤의 개수 :'))     #귤의 수를 입력

if c<10 : #사과는 10 미만인가?(조건 분기)
    x=a*c+b*d   #예(사과가 10개 미만)이면 그대로 계산

else : #아니요(10개 이상)일 때의 처리
    x=int(a*c*0.9+b*d) #사과의 가격을 10% 할인(0.9를 곱한다) 정수화해 둠

print( )
print('가격은',x,'원') #계산 결과를 출력
```

 이거 어떻게 만들어요? 선배, 알려주세요!

프로그램은 사과와 귤의 수를 입력할 때까지는 문제 1과 완전히 같습니다. 프로그램 이름을 「Q2」로 했으므로 첫 번째 줄은 #Q2로 돼 있습니다. 확인해 봅시다.

그럼, Q1과 Q2 프로그램의 차이는 플로차트에 따라 조건 분기하는 부분으로 if c<10 : 행부터입니다. if는 영어와 완전히 같은 「만약」이라는 의미입니다. c<10은 플로차트의 「c는 10 미만인가?」라는 질문을 그대로 수식으로 한 것으로 조건식이라고 합니다.

일반적인 if 문 처리는 다음과 같습니다. 전체를 합해서 if 블록이라고 합니다.

```
if 조건식 :
        (조건식을 만족하는 「예」일 때의 처리)    ...몇 행이 돼도 된다
else :
        (조건식을 만족하지 않는 「아니요」일 때의 처리)    ...몇 행이 돼도 된다
```

if 문과 else 문의 뒤에 있는 「 :(콜론)」을 잊지 않도록 합니다.

조건식을 만족한 경우는 if 문의 다음 행부터 else 문까지의 사이에 어떤 처리를 합니다. 처리는 몇 행이 돼도 됩니다.

else는 「그 밖에 또는 기타」라는 의미이므로, 조건식을 만족하지 않은 경우는 다음 행부터 처리합니다. 역시 처리는 몇 행이 돼도 됩니다. 여기에서 의문인 것이 아래에 이어져 있는 어떤 행까지를 실행할지 즉 if 블록의 범위는 어떻게 정하고 있는 것인지 하는 점입니다.

Python에서는 인덴트(행 맨 앞에 있는 공백)가 중요한 동작을 하고 있습니다. 즉,

if 문의 뒤의 행에서 인덴트가 들어가 있는데 이 인덴트가 들어가 있는(인덴트 들여쓰기라고 합니다) 행이 if 문의 영향을 받는 범위, 즉 블록이 됩니다. else 문 도 같습니다.

if 조건식 :
인덴트 들여쓰기　「예」일 때의 처리
else :
인덴트 들여쓰기　「아니요」일 때의 처리

IDLE(부록 160쪽 참조)를 사용해 프로그램을 입력할 때에는 행 끝 :를 붙이고「Enter」 키를 눌러 줄 바꿈하면 자동으로 다음 행이 인덴트 들여쓰기가 됩니다. 프로그램 에 따라서는 else 문의 처리가 없는 경우도 있습니다. 이 경우는 조건식을 만 족한 경우의 처리만을 합니다.

---

if 조건식 :
　　(조건식을 만족할 때의 처리) ...몇 행이 돼도 됩니다.

조건식의 작성법인데 우변과 좌변의 관계로 조건을 나타냅니다. 이 프로그 램에서는 사과의 개수 c가 10 이상과 10 미만으로 처리가 나눠지므로 변수 c를 사용한 조건식이 됩니다.

좌변 == 우변 → 좌변과 우변은 같다.
좌변 <= 우변 → 좌변은 우변 이하
좌변 <　우변 → 좌변은 우변보다 작다(미만).
좌변 >= 우변 → 좌변은 우변 이상
좌변 >　우변 → 좌변은 우변보다 크다.
좌변 != 　우변 → 좌변과 우변은 같지 않다(다르다).

여기서 프로그래밍 습득 요령입니다.

이 표를 보고「양쪽이 같은데 =이 아닌 ==인 것은 왜 그렇지?」라든가,「어 떻게 같지 않은 식인데 ! 기호를 사용하지?」라는 의문을 갖지 않을까 생각합니다. 무엇이든지 의문을 갖는 것은 중요한 데 프로그램 언어의 문법에 대해서는 어째서 그렇게 되는지에 대해서는 지나치게 깊은 해답을 요구하지 않는 것이 중요합니다.

「a와 b가 같다」라는 것을 a=b가 아닌, a==b로 쓰는 건 왜일까?라고 캐물어도 그렇게 돼 있는 것은 그렇게 돼 있는 거라고 밖에 대답할 수 없습니다. 행의 맨 앞이 소문자인 것도 맨 앞이 왜 대문자가 아닌걸까? 라고 의문을 가진 분도 있겠죠? 이처럼 의문을, 왜일까라고 계속해서 고민해 중요한 프로그램 공부가 멈춰버리고 마는 분이 있습니다.

앞으로도 이러한 것이 나올 것인데, 그럴 때는 「어째서 그렇게 돼 있는 걸까?」라고 고민하지 말고, 「그렇게 돼 있는 걸 어떻게 사용할까?」라는 방향으로 머리를 전환해 앞으로 나아가세요.

조건식 설명으로 되돌아갑니다. 2개의 조건식을 and(그리고)나 or(또는)로 조합할 수 있습니다.

조건식1 and 조건식2 　양쪽 조건식을 만족한다.
조건식1 or　조건식2 　어느 한쪽의 조건식을 만족한다.

예를 들어, a >= 10 and b >= 3으로 하면 「사과를 10개 이상 산다 그리고 귤을 3개 이상 사는 경우」입니다. a >= 10 or b >= 3이면 「사과를 10개 이상 산다 또는 귤을 3개 이상 사는 경우」가 됩니다.

이상을 근거로 프로그램을 살펴봅시다. 조건식 c<10은 「사과의 개수가 10 미만인가?」라는 것을 의미하고 있는 것을 알 수 있을 것입니다. 「예」일 때는 다음 행, 「아니요」일 때는 else 문의 다음 행으로 처리가 나뉩니다.

if 문의 다음 행의 처리는 값을 에누리하는 경우의 계산입니다. 이처럼 플로차트와 완전히 같은 흐름으로 처리되는 걸 알 수 있습니다. 또한, 10%를 계산하는 식에 int가 사용되는데 그 설명은 문제 3에서 합니다.

이렇게 계산된 x(합계 금액)를 출력하는 문은 문제 1과 같습니다.
이처럼 if 문을 사용한 조건 분기는 편리한데 요구되고 있는 조건을 정확하게 조건식으로써 다시 작성하는 것이 중요합니다. 플로차트를 작성할 때에 충분히 확인합시다.

이로써 문제 2의 프로그램에 대해서 윤정 선배의 설명은 끝입니다.

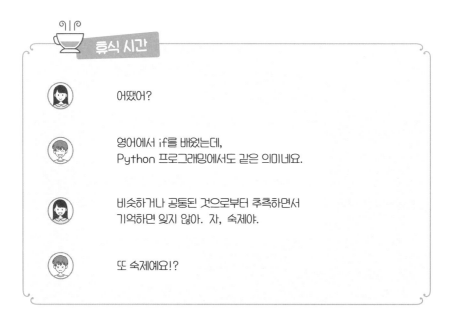

윤정 선배가 내는 숙제

숙제 1

사과를 20개 이상 사면 20% 할인될 때의 플로차트와 프로그램은 어떻게
될까요?

해답 if 문의 조건식이 10 미만에서 20 미만으로 되고, 10% 할인(×0.9)이 20% 할인(×0.8)
으로 바뀔 뿐입니다. 어느 위치의 숫자를 바꿀지를 실수하지 않도록 합시다.

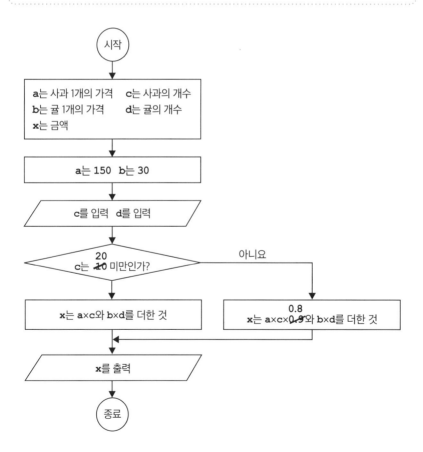

PYTHON

```python
#Q2_1
#변수의 의미
#a : 사과 1개의 가격
#b : 귤 1개의 가격
#c : 사과의 수
#d : 귤의 수
#x : 금액

a=150   #사과 1개의 가격을 150원으로 지정
b=30    #귤 1개의 가격을 30원으로 지정

c=int(input('사과의 개수 :')) #사과의 수를 입력
d=int(input('귤의 개수 :')) #귤의 수를 입력

if c<20   : #사과는 20 미만인가?(조건 분기)
    x=a*c+b*d  #예(사과가 20개 미만)이면 그대로 계산

else :  #아니요(20개 이상)일 때의 처리
        x=int(a*c*0.8+b*d)   #사과의 가격을 20% 할인(0.8을 곱한다) 정수화해 둠

print( )
print('가격은',x,'원')   #계산 결과를 출력
```

숙제 ②

문제 1에서 합계 3,000원 이상 사면 30% 할인이 될 때의 플로차트와 프로그램은 어떻게 될까요?

해답 조건 분기의 위치가 x를 계산한 후에 이동합니다. 3,000원 미만인 경우는 아무것도 하지 않으므로 else 문의 처리는 없습니다. 조건식은 x >= 3,000입니다. 확인합시다.

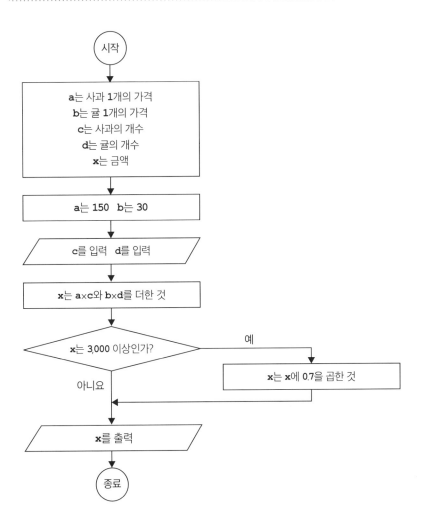

```
#Q2_2
#변수의 의미
#a : 사과 1개의 가격
#b : 귤 1개의 가격
#c : 사과의 수
#d : 귤의 수
#x : 금액

a=150   #사과 1개의 가격을 150원으로 지정
b=30    #귤 1개의 가격을 30원으로 지정

c=int(input('사과의 개수 :')) #사과의 수를 입력
d=int(input('귤의 개수 :')) #귤의 수를 입력

x=a*c+b*d #금액을 계산

if x>=3000 :   #금액은 3,000원 이상인가?(조건 분기)
    x=int(x*0.7)   #예(3,000원 이상)이면 30% 할인(0.7을 곱한다)을 계산

print( )
print('가격은',x,'원')   #계산 결과를 출력
```

숙제 2에서 사과를 5개 이상 사고 귤을 3개 이상 사면 30% 할인이 될 때의 플로차트와 프로그램은 어떻게 될까요?

해답 ▶ 조건식의 조합 연습 문제입니다. 숙제 2의 조건식이 바뀝니다.

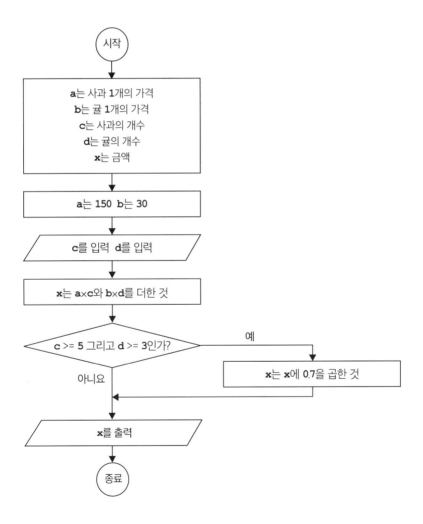

```
#Q2_3
#변수의 의미
#a : 사과 1개의 가격
#b : 귤 1개의 가격
#c : 사과의 수
#d : 귤의 수
#x : 금액

a=150   #사과 1개의 가격을 150원으로 지정
b=30    #귤 1개의 가격을 30원으로 지정

c=int(input('사과의 개수 :'))  #사과의 수를 입력
d=int(input('귤의 개수 :'))    #귤의 수를 입력

x=a*c+b*d  #금액을 계산

if c>=5 and d>=3 :  #사과는 5개 이상 그리고 귤은 3개 이상인가?(조건 분기)
    x=int(x*0.7)  #「예」이면 30% 할인(0.7을 곱한다)을 계산

print( )
print('가격은',x,'원')  #계산 결과를 출력
```

03 CHAPTER 학과 거북이

 이제 슬슬 경민이가 프로그램을 직접 만들어 볼래?

 앗, 벌써 제가 만들어요? 무리에요.

 이제까지 배운 대로 하면 간단하게 할 수 있는 문제야.

 그럼, 해볼게요.

 이것이 오늘의 문제야.

문제 3

학과 거북이를 합한 수가 8입니다. 다리 수를 세면 22개였습니다. 학은 몇 마리, 거북이는 몇 마리일까요?

 학과 거북이 계산이다! 이런 걸 컴퓨터로 계산할 수 있어요?

 경민이는 학과 거북이 계산을 푸는 법은 알고 있네.

 전부 거북이인 경우의 다리 수와 실제 다리의 수 차를 사용해요.

 그럼, 먼저 경민이가 계산해. 중요한 것은 해답이 아니라 푸는 법의 순서를 정리하는 걸 잊지마.

전부 거북이라고 하면 다리 수는 4×8=32개이고, 실제로 센 다리의 수는 22개이므로 차는 32-22=10개입니다. 학의 다리는 2개로 거북이보다 2개 적고, 즉, 1마리의 거북이 대신에 1마리의 학이 있으면 2개 적어요. 이 문제에서는 다리가 10개 부족하니까 10÷2로 5마리의 거북이가 학이 되지 않으면 계산이 맞지 않아요. 그래서 학이 5마리가 되고, 8-5로 거북이는 3마리입니다.

 그걸로 끝? 잊은 건 없니?

 ...으~응, 뭘까?

 옛날에 계산 시험에서 마지막에 계산을 틀려서 선생님에게 주의 받았던 적은 없었어?

 맞다, 검산. 거북이가 3마리로, 학이 5마리면 다리의 수는 4×3+2×5=22개가 되지! 이걸로 맞네요.

 컴퓨터로도 제대로 프로그램을 하지 않으면 나오는 해답이 틀리니까 검산은 반드시 해야 해.

 알겠습니다.

 경민이는 학과 거북이 계산법, 즉, 알고리즘은 이해하고 있는 것 같으니 그걸 플로차트로 해봐.

 어디부터 손을 대야 할지 모르겠어요.

 변수는 자꾸자꾸 사용해봐야 해. 정리하는 건 마지막에 해도 되니까. 이 문제를 계산하는 데 가장 필요한 변수는 학과 거북이를 합한 수와 다리 수가 아닐까?

그렇네요. 학과 거북이를 합한 수를 a, 다리 수를 b로 해요.

 그 a와 b를 어떤 방식으로 계산했는지 떠올려봐.

 전부 거북이라고 하면 다리 수는 4×a가 되고, 이것을 c로 할게요. c와 b의 차를 사용하니까 이것이 d네요.

 좋아, 그렇지.

 학이 1마리 늘어나면 다리는 2개 줄어드니까 d를 2로 나눈 수가 학의 수가 돼요. 학의 수를 x로 하고, 거북이는 a에서 x를 빼면 계산할 수 있으니까... 음. 이제까지 나온 변수는 전부 사용했네요.

 알파벳은 아무거나 돼. 학이 x였으니까 거북이는 y로 하면?

 자, y는 a−x입니다. 이걸 플로차트로 해볼게요.

 문제 1과 문제 2의 플로차트를 잘 보고 참고해봐.

경민이가 플로차트를 그리고 있습니다.

 완성!

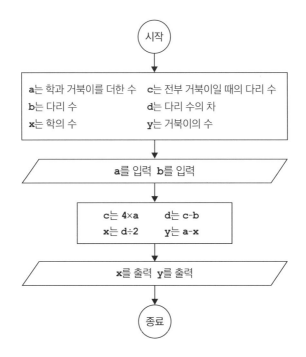

 윤정 선배, 이걸 사용해 프로그램으로 해주세요.

윤정 선배가 컴퓨터에 프로그램을 입력하고, 실행 준비를 합니다.

 자, 실행한다.

 문제대로 학과 거북이를 합한 수와 다리 수를 넣어볼게요.

 결과는…

```
Python 3.7.0 Shell                                                    −   □   ×
File Edit Shell Debug Options Window Help
Python 3.7.0 (v3.7.0:1bf9cc5093, Jun 27 2018, 04:06:47) [MSC v.1914 32 bit (Intel)] on win3
2
Type "copyright", "credits" or "license()" for more information.
>>>
======== RESTART: C:₩Users₩SELA₩Downloads₩PythonCode₩PythonCode₩Q3.py ========
학과 거북이를 합한 수 : 8
다리 수 : 22

학은 5 마리, 거북이는 3 마리
>>> |
                                                                        Ln: 9 Col: 4
```

 됐다! 맞네요. 어떤 프로그램인가요?

 이거야.

```
#Q3
#변수의 의미
#a : 학과 거북이를 합한 수
#b : 다리의 수
#c : 전부 거북이었을 때의 다리 수
#d : 다리 수의 차
#x : 학의 수
#y : 거북이의 수

a=int(input('학과 거북이를 합한 수 :'))  #a를 입력
b=int(input('다리 수 :'))  #b를 입력

c=4*a    #전부가 거북일 때의 다리 수
d=c-b    #다리 수의 차를 계산
x=int(d/2)  #다리 수를 2로 나누면 학의 수(정수화해둔다)
y=a-x    #학과 거북이를 합한 수에서 학의 수를 빼면 거북이의 수

print( )
print('학은',x,'마리, 거북이는',y,'마리')  #계산 결과를 출력
```

 이 Python 프로그램에는 여러 가지 단어가 나열돼 있네요. 선배, 알려 주세요!

윤정 선배가 알려주는 프로그램의 설명

이 프로그램은 문제 1의 복습입니다. 입력된 숫자를 계산에 사용해서 그 결과를 변수에 대입하고, 답을 출력하는 것입니다. 계산하고 있는 내용은 「학과 거북이 계산」으로 처리 순서나 내용은 경민이 설명해준 대로입니다. 종이나 연필을 사용해 계산하는 순서, 즉, 알고리즘을 플로차트에 정확하게 정리하고, 그 플로차트에 따라 순서대로 계산하도록 프로그램을 작성하면 완성입니다.

문자를 사용한 식은 중학교의 수학에서 배우므로 문자 변수를 사용한 식을 작성하는 것은 초등 수학에서는 조금 혼란스러울 수도 있는데 이러한 문제를 푸는 프로그램을 만들거나 사용하는 동안 익숙해집니다.

한 가지 주의할 점이 있습니다. 다리 수의 차를 2로 나눠 학의 수를 계산하고 있는 식입니다. x=int(d/2)로 돼 있는데 int를 사용하고 있습니다. 사칙연산(덧셈, 뺄셈, 곱셈, 나눗셈)에 대해서 덧셈, 뺄셈, 나눗셈은 정수끼리 계산해도 답은 정수가 됩니다(뺄셈의 경우는 마이너스가 되는 경우가 있는데 마이너스 정수가 있으므로 답은 정수의 범위입니다). 그런데 나눗셈만은 답이 정수가 되지 않는 경우가 있으며, 그때는 소수점 숫자를 사용하지 않으면 답을 나타낼 수 없습니다.

Python에서는 변수가 정수를 다루는지에 대해서는 사용자에게 엄밀하게 정의를 요구하지는 않는데 컴퓨터 내부에서는 구별해서 계산합니다. 이 때문에 변수 x에 나눗셈의 답을 대입할 때 소수점이 있는 숫자가 될 가능성이 있기에 Python은 변수 x를 정수를 다루는 변수(정수형이라고 합니다)가 아닌, 소수점이 있는 수를 다루는 변수(부동소수점이라고 합니다)로 합니다. 또한, 부동소수점형의 수와 정수형의 수를 더하고, 빼고, 곱하고, 나눈 결과는 부동소수점형의 수가 되므로 이처럼 계산을 한 결과를 대입하는 변수는 자동으로 부동소수점형이 됩니다.

이걸로 오류가 있는가 하면 이 책의 레벨에서는 큰 영향은 없습니다. 예를 들어, 값 2를 가진 변수를 출력하면 정수형의 변수인 경우는 「2」라고 표시되고, 부동소수점형의 변수인 경우는 「2.0」으로 표시됩니다. 이로써 사실상은 문제는 없는데 변수 x와 관련 있는 변수 y도 부동소수점이 되므로 답으로서 정수가 출력되는 거북이의 마리 수와 학의 마리 수가 5.0이나 3.0으로 출력되는 것을 가능한 피하고자 int를 사용해서, 「나눗셈의 답이지만 정수로 다루고 있습니다」라는 것을 Python에게 알리고 있습니다. 문제 2에서 0.8이나 0.9를 곱하는 식에서 int를 사용하는데 같은 이유입니다.

input 문일 때는 「키보드로부터 입력된 것은 문자지만 정수로 변환합니다」라는 사용법을 했는데 int의 ( ) 안에 있는 것을 정수로 바꾸는 가능은 같습니다. 이번처럼 학과 거북이 계산 결과는 반드시 정수가 되므로 int를 사용해도 나오는 답은 같은데, 무게나 길이 등 소수점 이하에 숫자가 있는 수치(예 1.2나 3.14)를 다루는 경우는 다른 결과가 됩니다. 자세한 것은 문제 4에서 설명합니다.

이로써 문제 3을 푸는 프로그램의 윤정 선배의 설명은 끝입니다.

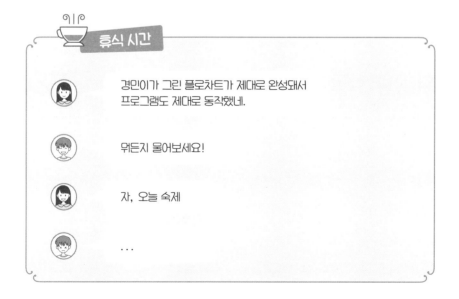

휴식 시간

경민이가 그린 플로차트가 제대로 완성돼서
프로그램도 제대로 동작했네.

뭐든지 물어보세요!

자, 오늘 숙제

...

윤정 선배가 내는 숙제

 숙제 ①

다른 학과 거북이의 문제를 만들어 프로그램을 시험해봅시다.

해답 예를 들어, 거북이 10마리, 학 8마리 등, 합계 18로 다리 수는 4×10+2×8로 56개입니다. 18과 56을 입력해봅시다.

다른 경우의 문제를 만들어 프로그램을 시험해보세요.

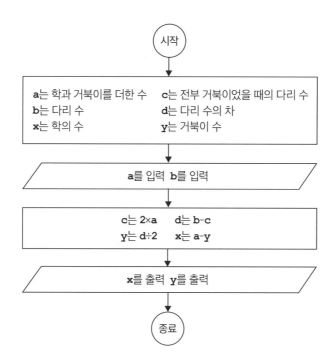

학과 거북이로 전부 학이었던 경우를 사용해 계산하는 플로차트와 프로그램을 만들어 봅시다.

해답 전부 학이었던 경우, 다리 수는 2×a입니다. 전부 거북이었던 경우는 4×a로 실제 다리 수보다도 많아지는데 전부 학이었던 경우는 실제의 다리 수 쪽이 많습니다.

따라서 다리 수의 차를 구할 때에 거북이의 경우와 뺄셈 순서를 반대로 하지 않으면 마이너스 답이 되고 맙니다. 또한, 다리 수와의 차를 2로 나눈 것은 같지만, 이번은 거북이 1마리가 학 1마리로 바뀌는 걸 생각하므로 답은 거북이 수가 됩니다.

초등 수학에서는 마이너스 개념이 없으므로 차(差)라는 단어가 애매하게 돼 버리는데 빼는 수와 빼지는 수를 실수하지 않도록 주의합시다.

시작

a는 학과 거북이를 더한 수　**c**는 전부 거북이었을 때의 다리 수
b는 다리 수　　　　　　　**d**는 다리 수의 차
x는 학의 수　　　　　　　**y**는 거북이 수

a를 입력　**b**를 입력

c는 2×a　　**d**는 b-c
y는 d÷2　　**x**는 a-y

x를 출력　**y**를 출력

종료

```
#Q3_1
#변수의 의미
#a : 학과 거북이를 합한 수
#b : 다리의 수
#c : 전부 거북이었을 때의 다리 수
#d : 다리 수의 차
#x : 학의 수
#y : 거북이의 수

a=int(input('학과 거북이를 합한 수 :')) #a를 입력
b=int(input('다리 수 :')) #b를 입력

c=2*a   #전부 거북이었던 때의 다리 수
d=b-c   #다리 수의 차를 계산
y=int(d/2)    #다리 수를 2로 나누면 거북이의 수(정수화해둔다)
x=a-y   #학과 거북이를 합한 수에서 거북이의 수를 빼면 학의 수

print( )
print('학은',x,'마리, 거북이는',y,'마리')   #계산 결과를 출력
```

04 CHAPTER 평균을 계산해보자

 윤정 경민

경민이가 동아리실의 테이블에서 무언가를 하고 있습니다.

 경민아, 뭐하고 있어?

 초등 수학 문제를 풀고 있어요. 초등 수학의 교과서를 집에서 가져와서 문제를 찾아봤어요. 이건 돌을 10개 주워서 평균 무게를 계산하는 문제인데 돌 10개의 무게를 더하는 덧셈이 조금 귀찮아요.

 자발적으로 초등 수학의 문제를 찾다니, 열심히 하고 있네. 그래서 답은 나왔어?

 드디어 끝났어요.

 자, 문제 4로 평균을 구하는 프로그램을 만들고 컴퓨터로 답을 맞혀보자. 돌 무게는 메모돼 있어?

문제 4

10개의 돌 무게를 재서 다음과 같은 표가 되었습니다. 무게의 평균은 몇 그램일까요?

돌의 번호	1	2	3	4	5	6	7	8	9	10
무게(g)	20.5	13.4	6.9	16.3	9.7	24.3	18.2	5.7	11.4	8.3

덧셈이 큰일이네...

 중요한 건 평균이 아니라 평균을 구하기 위한 순서나 방법을 정리하는 거야. 먼저 메모리가 있는 계산기로 계산해봐. 입력한 돌의 번호에는 체크를 하면 입력 실수를 예방할 수 있어.

 처음의 MC를 잊지 않도록 하고, 첫 번째는 20.5 M+로 체크, 두 번째는 13.4 M+로 체크, ..., 열 번째에 8.3 M+로 체크. MR을 누르면 134.7이 되었어요. 그걸 돌의 수를 10으로 나누면 평균이 나와요. 13.47이 되었네요.

 메모리를 사용하면 편리하지?

 그렇지만 10개로도 돌의 무게를 입력하는 것은 힘들었는데 숙제가 20개나 30개면 더욱 힘들겠어요. 이거 Python을 사용해 컴퓨터로 계산하면 어떻게 될까요?

 컴퓨터를 사용하는 거면 먼저 플로차트를 그려봐. 지금 경민이 계산기를 사용해 평균을 계산한 방법을 떠올리면서 정리해봐.

 해볼게요. 메모리는 변수 a를 사용하고, 첫 번째 돌의 무게를 입력했으니까 이걸 변수 b로 해요. a는 a와 b를 더한 것이 되고, 다음에 두 번째 돌의 무게는 c로 하고 세 번째는 d... 그러니까 d 다음은...

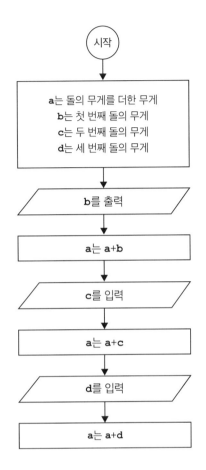

시작

a는 돌의 무게를 더한 무게
b는 첫 번째 돌의 무게
c는 두 번째 돌의 무게
d는 세 번째 돌의 무게

b를 출력

a는 a+b

c를 입력

a는 a+c

d를 입력

a는 a+d

 그보다 종이 길이는 괜찮니?

 조금 더 큰 종이가 없으면 그릴 수 없어요! 그래도 이렇게 같은 것을 10개나 그리는 건 힘드네요.

 같은 것을 반복하는 처리를 할 때는 이렇게 그리는 법이 있어.

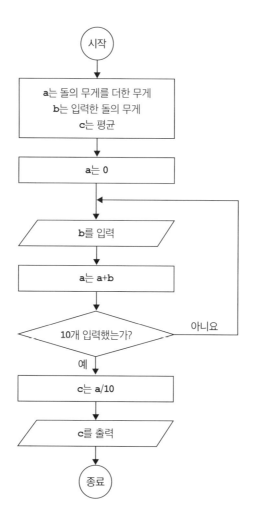

 마름모가 있네요. 조건 분기인가요?

 이건 반복(루프)이야. 어떤 횟수의 처리를 할 때까지는 원래 위치로 돌아가 같은 처리를 반복하는 방법이야. 이 경우는 돌 10개의 무게를 입력할 때까지 입력을 반복해서 a에 입력한 무게를 더하는 처리를 반복해.

 이거면 긴 종이를 준비하지 않아도 되네요.

「10개 입력했는가?」 부분에서 20개나 1,000개로 늘어나도 플로차트는 그대로 문제없어. 이 플로차트로 만든 프로그램을 실행해보자.

윤정 선배가 컴퓨터에 프로그램을 입력하고, 실행 준비를 합니다.

 돌의 무게 표를 앞에 두고 순서대로 돌의 무게를 입력할게요.

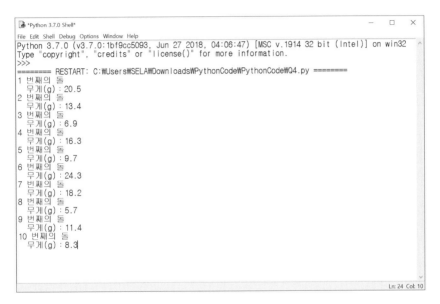

```
Python 3.7.0 Shell
File  Edit  Shell  Debug  Options  Window  Help
Python 3.7.0 (v3.7.0:1bf9cc5093, Jun 27 2018, 04:06:47) [MSC v.1914 32 bit (Intel)] on win32
Type "copyright", "credits" or "license()" for more information.
>>>
======== RESTART: C:\Users\SELA\Downloads\PythonCode\PythonCode\Q4.py ========
1 번째의 돌
  무게(g) : 20.5
2 번째의 돌
  무게(g) : 13.4
3 번째의 돌
  무게(g) : 6.9
4 번째의 돌
  무게(g) : 16.3
5 번째의 돌
  무게(g) : 9.7
6 번째의 돌
  무게(g) : 24.3
7 번째의 돌
  무게(g) : 18.2
8 번째의 돌
  무게(g) : 5.7
9 번째의 돌
  무게(g) : 11.4
10 번째의 돌
  무게(g) : 8.3
```
Ln: 24 Col: 10

 이로써 마지막!!

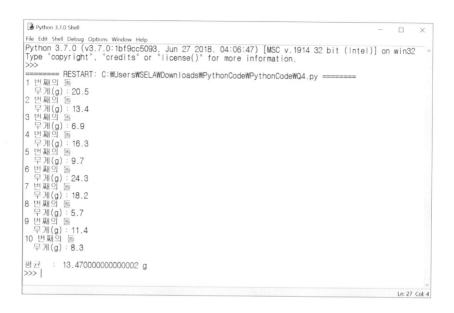

```
Python 3.7.0 Shell                                                    —   □   ×
File Edit Shell Debug Options Window Help
Python 3.7.0 (v3.7.0:1bf9cc5093, Jun 27 2018, 04:06:47) [MSC v.1914 32 bit (Intel)] on win32
Type "copyright", "credits" or "license()" for more information.
>>>
======= RESTART: C:\Users\SELA\Downloads\PythonCode\PythonCode\Q4.py =======
1 번째의 돌
  무게(g) : 20.5
2 번째의 돌
  무게(g) : 13.4
3 번째의 돌
  무게(g) : 6.9
4 번째의 돌
  무게(g) : 16.3
5 번째의 돌
  무게(g) : 9.7
6 번째의 돌
  무게(g) : 24.3
7 번째의 돌
  무게(g) : 18.2
8 번째의 돌
  무게(g) : 5.7
9 번째의 돌
  무게(g) : 11.4
10 번째의 돌
  무게(g) : 8.3
평균   :  13.470000000000002 g
>>> |
                                                                         Ln: 27 Col: 4
```

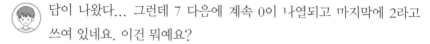
답이 나왔다… 그런데 7 다음에 계속 0이 나열되고 마지막에 2라고 쓰여 있네요. 이건 뭐예요?

설명하기 전에 계산기에서 1÷3×3을 계산해봐.

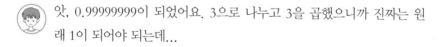
앗, 0.99999999이 되었어요. 3으로 나누고 3을 곱했으니까 진짜는 원래 1이 되어야 되는데…

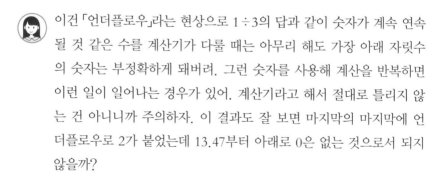
이건 「언더플로우」라는 현상으로 1÷3의 답과 같이 숫자가 계속 연속될 것 같은 수를 계산기가 다룰 때는 아무리 해도 가장 아래 자릿수의 숫자는 부정확하게 돼버려. 그런 숫자를 사용해 계산을 반복하면 이런 일이 일어나는 경우가 있어. 계산기라고 해서 절대로 틀리지 않는 건 아니니까 주의하자. 이 결과도 잘 보면 마지막의 마지막에 언더플로우로 2가 붙었는데 13.47부터 아래로 0은 없는 것으로서 되지 않을까?

그렇다면 답은 맞네요. 선배, 프로그램을 보여주세요.

 이거야.

```
#Q4
#변수의 설명
#a : 돌 무게의 합계
#b : 입력한 돌의 무게
#c : 평균
#i : 카운터

a=0.  #처리 전에 돌의 무게 합계를 0으로 지정

for i in range(10) :  #처리를 10회 반복
    print (i+1,'번째의 돌')  #카운터 변수로 입력하는 돌을 출력
    b=float(input(' 무게(g) :'))  #돌의 무게를 입력
    a+=b  #a에 입력한 무게를 더함

c=a/10  #돌 무게의 합계를 돌의 개수로 나눠 평균을 계산

print( )
print('평균 :',c,'g')  #계산한 평균을 출력
```

 10개도 돌의 무게를 입력하니까 좀 더 긴 프로그램인가 하고 생각했는데 이렇게 짧네요. 어떻게 만드는 건지 알려주세요.

윤정 선배가 알려주는 프로그램의 설명

주석을 이용한 변수 설명에서 플로차트에 등장하지 않는 i라는 이름의 변수가 「카운터」로 들어 있습니다. 이것은 무게를 입력한 돌의 수를 세기 위한 변수로 카운터 변수라고 합니다. 그러한 특별한 변수가 있는 것이 아닌 변수를 카운터로서 사용하는 경우에 그걸 호출합니다. 플로차트에는 「10개 입력했는가?」라고 있는데 10개로 돼 있는 것을 세는데 사용하는 변수가 i입니다.

변수 a는 돌 무게의 합계입니다. 돌의 무게는 소수점인 숫자를 더해 나가므로 부동소수점형의 변수입니다. 경민이 계산기의 MC를 눌러 메모리를 클리어한 것처럼 변수 a도 처음에 0을 대입해서 클리어해둡니다. 실제는 프로그램에서 변수가 처음에 출현했을 때의 값은 0이라는 약속이 있습니다. 이것을 「암묵적 양해」라고 하는데 이 변수 a와 같이 확실히 0이어야 하는 경우는 암묵적 양해에 의존하지 않고, 제대로 클리어하는 습관을 붙이는 것이 좋을 것입니다.

이 a에 대입하고 있는 것은 「0」이 아닌 「0.」으로 돼 있는데 소수점이 붙은 0은 정수가 아닌 부동소수점형의 변수이므로 이것을 대입함으로써 Python은 a를 부동소수점형으로써 사용하게 합니다.

이번 프로그램에서는 새롭게 for라는 단어가 등장했는데, 「~를 위하여」라는 의미가 아닌 「~하는 동안(기간)」이라는 의미로 사용됩니다. for 문에 계속해서 인덴트 들여 쓰는 행의 처리를 일정 횟수 반복해 실행하는 것입니다. 이 반복 처리를 루프라고 부르는데 루프를 만드는 프로그램의 방법은 다른 것도 있으므로 for 루프라고 부릅니다.

일반적으로는 다음과 같이 사용합니다. for 문의 마지막에 있는 「 : 」을 잊지 않도록 합시다.

```
for 카운터 변수 in 시퀀스 :
    (처리) ...몇 행이어도 된다(인덴트 들여쓴 범위)
```

이 시퀀스라는 것을 이해하기 어려운데 「무언가가 순서대로 나열돼 있는 것 (데이터)」을 가리킵니다. 이 프로그램에서는 range(10)이 for 문의 시퀀스입니다.

range는 정수가 차례로 나열한 데이터를 만듭니다. 만드는 법은 ( ) 안에 시작 값(start라고 씁니다), 종료 값(stop이라고 씁니다), 스텝 값(step이라고 씁니다)을 입력합니다. 이것들은 전부 정수로 지정했는데 다음과 같이 일부를 생략하는 경우가 있습니다.

```
range(start, stop, step)
range(start, stop)
range(stop)
```

start와 step을 생략한 경우는 자동으로 start는 0, step은 1입니다. 예를 들어, range(5)로 하면

 0, 1, 2, 3, 4

라는 정수의 나열입니다. 마지막은 stop 5가 아닌 4입니다. range에서는 stop의 값에서 1을 뺀 수까지의 나열입니다. 이전에 설명했던 대로 왜 1을 뺀 수가 되지?가 아닌 1을 뺀 수가 된다는 걸 이해합시다. 한 가지 말할 수 있는 건 0부터 시작하므로 나열된 숫자의 수는 stop과 같은 5개가 됩니다.
start와 step을 지정해서 예를 들면 range(1, 10, 2)로 하면

$$\overset{2}{\frown}\ \overset{2}{\frown}\ \overset{2}{\frown}\ \overset{2}{\frown}$$
1 3, 5, 7, 9

라는 숫자의 나열입니다.

step은 생략하면 1이 됩니다. 예를 들면 range(1, 10)으로 하면

1, 2, 3, 4, 5, 6, 7, 8, 9

입니다.
이 프로그램에서는 range(10)이므로 숫자의 나열은

0, 1, 2, 3, 4, 5, 6, 7, 8, 9

가 되고, 카운터 변수 i는 0부터 9까지 순서대로 변화하면서 블록 처리를 반복합니다.

다음에 반복하는 처리의 내용을 설명합니다. for 문에 계속해서 인덴트 들여 쓴 행은 print 문으로 이것은 ( ) 안에 있는 메시지나 변수 값을 출력하는 것이었습니다. 처음에 i+1이 되며, i에 1을 더한 값을 출력합니다. i는 range(10)의 숫자 나열이 차례로 대입돼 있으므로, 처음은 0입니다. 이것에 1을 더하므로 1이 출력됩니다. 계속해서 출력되는 것은 ' '로 둘러싼 메시지입니다.

따라서 처음에 출력되는 것은 「첫 번째 돌」입니다. 즉, i를 그대로 출력하면 「0번째 돌」이 되므로 1을 더해서 조절하고 있는 것입니다. 이처럼 카운터 변수를 사용해 몇 번째 처리를 하고 있는지를 알 수 있습니다. 또 변수 값만을 사용하고, 값을 변화시키지 않는 것과 같은 사용법을 참조라고 합니다.

다음에 b=float(input('무게(g) :')) 행이 있습니다. input 문이 float라는 단어의 ( )에 들어있습니다. input 문의 ( )에는 입력할 때 출력되는 메시지 「무게(g) :」가 쓰여 있습니다. 문제는 float입니다. 이제까지는 int였는데 이번은 float로 바뀌어 있습니다.

input 문에서는 문자가 나열된 것으로서 입력하므로 변수에 문자의 나열이 아닌 정수로서 대입하기 때문에 「이건 정수」라고 Python에게 알리는 데 int

를 사용했습니다. 이에 반해 float를 사용하면 「이건 부동소수점의 수」라고 Python에게 알릴 수 있습니다. 돌의 무게는 정수가 아닌 소수점이 붙어 있는 수이므로 변수 b는 부동소수점형이 됩니다.

마지막은 a+=b인데, 이것은 계산기의 M+에 상응하는 것입니다. 즉, 변수 a에 b값을 더하는 처리를 하므로 a=a+b로 써도 같은 의미입니다. a=a+b보다도 a+=b가 조금 짧게 쓸 수 있는 장점이 있습니다.

이상을 정리하면 입력하는 돌의 번호를 출력하고, 돌의 무게를 입력, 입력한 무게를 변수 a에 더하는 처리입니다. 이것을 0부터 9까지 1을 더해서 첫 번째 돌에서 열 번째 돌까지 순서대로 반복하게 되고, 플로차트대로 돼 있습니다.

이후는 이제까지의 복습입니다. c에는 돌 무게의 평균이 들어갑니다. 플로차트에 따라 a/10을 c에 입력하므로 c=a/10입니다. 그리고 print 문에서 c에 적당한 메시지를 첨부해 모니터 화면에 출력하고 프로그램이 종료합니다.

이번은 for 문과 range에 의한 루프 만드는 법이 어려웠을 거라 생각합니다. 이러한 경우는 Python 프로그램의 형을 정석으로써 기억합시다.

● **n회 반복하는 루프를 만드는 법**

for 카운터 변수 in range(n) :

    (반복 처리)

        • 인덴트를 들여 써서 쓴다.

        • 몇 번째 처리인지는 카운터 변수 +1로 알 수 있다.

이로써 문제 4를 푸는 프로그램에 대한 윤정 선배의 설명은 끝입니다.

휴식 시간

루프는 편리하네요.

문제 2의 조건 분기와 문제 4의 루프를 사용할 수 있는 것이
프로그램을 만드는 최대의 장점이야. 1회의 계산을 할 뿐이라면
컴퓨터가 할 수 있는 것은 사람이 계산기로 할 수 있는 것과
별반 다르지 않지만 루프나 조건 분기를 빠른 속도로 해서
시간을 절약할 수 있고, 키를 실수로 누르는 실수도 없고 말이야.
자, 하던 대로 숙제를 낼게.

하하하하하하, 오늘도...

윤정 선배가 내는 숙제

 1

다른 무게의 돌 10개의 무게를 입력하고 프로그램을 시험해봅시다. 계산
기를 사용한 값과 비교해봅시다.

> **해답** 각자 시험해보세요.

돌의 수를 입력하고, 그 수의 돌 무게를 입력해 평균을 계산하는 플로차트와
프로그램을 만듭시다. 힌트는 돌의 수를 변수 n으로 합니다.

해답 돌의 수를 나타내는 변수 n을 준비해서 처음에 n을 입력합니다. 지금까지는 돌의 수가
「10」이었으므로 이것을 n으로 바꿔 넣으면 플로차트도 프로그램도 완성입니다.
변수나 문자식에 익숙해질 때까지는 구체적인 숫자를 사용해 플로차트나 프로그램을
만들고, 제대로 동작하는 것을 확인하고 나서 그 숫자를 변수로 바꿔 넣어보는 것도 하
나의 방법입니다. 또한, 이 프로그램만이 아니라, 변수 이름은 특별히 정해진 건 없습니
다. 이름 n을 m으로 하는 것처럼 다른 이름으로 바꿔서도 동작하는 걸 확인합시다.

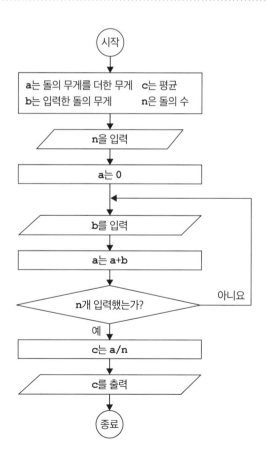

```
#Q4_1
#변수의 설명
#a : 돌 무게의 합계
#b : 입력한 돌의 무게
#c : 평균
#i : 카운터
#n : 돌의 수

n=int(input('돌의 수 :'))   #돌의 수를 입력

a=0.   #처리 전에 돌의 무게 합계를 0으로 지정

for i in range(n) :   #처리를 n회 반복
    print (i+1,'번째의 돌')   #카운터 변수로 입력하는 돌을 출력
    b=float(input(' 무게(g) :'))   #돌의 무게를 입력
    a+=b   #a에 입력한 무게를 더함

c=a/n   #돌 무게의 합계를 돌의 개수로 나눠 평균을 계산

print( )
print('평균 :',c,'g')   #계산한 평균을 출력
```

05 CHAPTER 수수께끼 검은 상자

 오늘은 「수수께끼의 검은 상자」 공부야.

 뭐예요, 그게? 수상하네. 이상한 거 들어있지는 않죠?

 「검은 상자」는 프로그램을 만들 때 사용해. 경민아, 너 앞에 검은 상자가 있고, 여기에 무언가가 들어가서 무슨 일이 일어나고, 그것이 나오는 모습을 상상해봐.

 이런 느낌이려나?

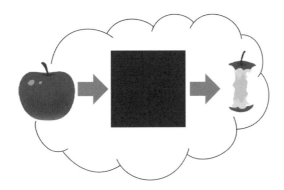

 이 검은 상자 안은 어떻게 돼 있어?

 제가 안에 있고, 들어오는 음식을 먹는 상상이요.

 그럼, 이런 것처럼?

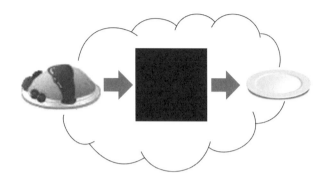

 네네, 제가 전부 날름 먹었어요.

 검은 상자에 들어가면 먹은 것이 없어지는 상자네. 검은 상자 안에서 일어나는 것이 정해져 있고, 이 경우는「먹을 것」→ ■(경민이가 먹는 다) →「먹은 것이 없어진다」는 관계네.

 그래도 이런 것이 프로그래밍이랑 관계있나요?

 많이 관계가 있지. 하지만 컴퓨터는 먹을 것을 먹지 않으니까 숫자가 들어가는 상자야.

 역시 저도 숫자는 먹지 않아요.

 오늘의 문제는 프로그래밍은 아닌데 검은 상자 문제야.

문제 5-1

검은 상자에 숫자가 들어가면 어떤 관계로 나오는 숫자가 바뀝니다. 이 상자에 숫자 3이 들어가면 어떤 숫자가 나올까요?

1 → ■ → 2

2 → ■ → 4

3 → ■ → ?

4 → ■ → 8

5 → ■ → 10

이런 문제, 초등학교 수학 교과서에 있었어요. 그러면 3 이외의 숫자를 보면 검은 상자에 들어가서 나오는 숫자가 2배가 돼요. 그러니까 3이면 6이 되는 게 아닌가요?

그렇지. 이 검은 상자에는 「×2」가 들어 있어. 들어온 숫자에 2를 곱한 수가 나오는 관계야. 그럼 다음 문제.

문제 5-2

검은 상자에 숫자가 들어가면 어떤 관계로 나오는 숫자가 바뀝니다. 이 상자에 숫자 3이 들어가면 어떤 숫자가 나올까요?

1 → ■ → 3

2 → ■ → 4

3 → ■ → ?

4 → ■ → 6

5 → ■ → 7

3 이외의 수를 보면 2만큼 커졌어요. 그러니까 3이면 5가 됩니다. 검은 상자에는 「+2」가 들어있는 것 같아요.

 그걸로 정답. 이 검은 상자처럼 들어오는 숫자에 정해진 계산을 해서 그 계산 결과의 숫자를 내는 걸 「함수」라고 해. 들어가는 숫자와 나오는 숫자의 사이에 정해진 관계가 있어. 즉, 「관계있는 숫자」라는 거지. 함수 자체는 중학교 때 배우는데 프로그래밍에서는 함수를 사용하는 것이 많아서 초등 수학 공부를 다시 하는 경민이는 「검은 상자」를 떠올려서 사고방식을 기억해 둬.

 어떤 숫자에 정해진 계산을 해서 그 결과의 숫자가 나오는 것이 함수인가요? 중학교 수학에서 일차함수나 이차함수가 나왔는데 이런 거였나요?

문제 5-3

검은 상자에 숫자가 들어가면 어떤 관계로 나오는 숫자가 바뀝니다. 이 상자에 숫자 3이 들어가면 어떤 숫자가 나올까요?

$1 \rightarrow \blacksquare \rightarrow 0$
$2 \rightarrow \blacksquare \rightarrow 0$
$3 \rightarrow \blacksquare \rightarrow ?$
$4 \rightarrow \blacksquare \rightarrow 0$
$5 \rightarrow \blacksquare \rightarrow 0$

 자, 이 문제의 함수는 어떤 함수라고 생각해?

 ...전부 0으로 되어 있어요. 아마도 3으로도 0이 나올 것 같은데 이런 함수가 있나요?

답은 0, 함수는 「×0」이야. 「들어온 수 − 들어온 수」로도 되지. 함수에서 중요한 것은 숫자 하나가 들어오면 어떤 규칙으로 이어진 하나의 숫자가 반드시 나온다는 거야. 다른 숫자가 들어왔을 때 그 밖의 숫자가 들어왔을 때와 같은 숫자가 나와도 상관없어. 들어온 숫자에 대해서 하나 정해진 숫자가 나오면 되는 거야.

이해 못 하겠어요.

자, 계산기를 사용해서 함수의 이미지를 떠올려보자. 계산기의 키에서 $\sqrt{}$ 를 찾아봐.

있었어요. 이거 루트잖아요.

시험으로 25에서 $\sqrt{}$ 를 눌러봐.

25 $\sqrt{}$ 는 5가 나와요. 5가 25의 제곱근[*1]이네요.

다음은 81을 해봐.

81 $\sqrt{}$ 는 9예요.

계산기면 수치를 입력해서 $\sqrt{}$ 를 누르면 그 수의 제곱근이 반드시 나오는데 Python에서도 똑같이 계산할 수 있어.

Python에서 함수는 무엇을 위해서 사용해요?

오늘은 좀 길어졌으니까 내일 이어서 하자. 오늘 숙제는 당분간 계산기로 놀아 보는 거야. 초등학교에서는 함수를 배우지 않지만 Python에서 프로그램을 할 때는 절대로 필요하니까 함수가 무엇인지 확실히 감을 잡아봐.

[*1] 2번 곱해 그 수가 되는 원래의 수. 예 : 5×5=25

윤정 선배가 내는 숙제

01 169의 루트는 얼마인가요? 계산기로 계산해봅시다.

02 144의 루트는 얼마인가요? 계산기로 계산해봅시다.

03 2의 루트는 얼마인가요? 계산기로 계산해봅시다.

해답 해답 각자, 계산기로 $\sqrt{}$ 를 시험해보세요.

06 재지 않아도 계산이 된다

CHAPTER

 윤정   경민

오늘은 이어서 함수야. 제대로 계산기로 놀아 봤어?

169는 13, 144는 12였는데 2는 1.4부터 아래로 숫자가 주르륵 나왔어요. 1.41421356…가 나왔어요.

1×1=1, 2×2=4니까 곱해서 2가 되는 숫자는 1과 2 사이에 있지. $\sqrt{}$으로 딱 떨어지지 않는 숫자가 있는 것은 중학교 때 배운 무리수를 떠올려. 자, 오늘 숙제야.

문제 6

직각삼각형의 직각을 사이에 둔 변의 길이가 3cm와 4cm입니다. 남은 변의 길이는 몇 cm인가요?

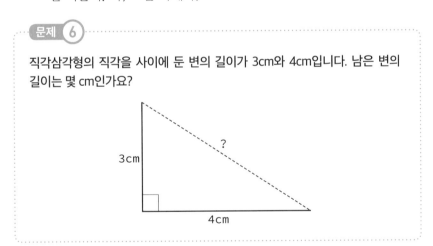

 제가 초등학생이었으면 이런 것은 실제로 그려서 쟀어요. 한 번 그렇게 해볼까요?

 경민이는 초등 수학부터 다시 하는 거니까 그렇게 해보자.

그럼 종이와 연필, 자를 갖고 올게요.

경민이가 다 그려 보았습니다.

 몇 cm였어?

 다 그렸으니까 이제부터 자를 맞춰서 잴게요. 으~응, 5cm?

 괜찮아?

 약간 미묘하지만 5cm요.

 그럼, 계산기로 재보자. 3을 곱한 수와 4를 곱한 수를 더한 값의 루트를 계산해봐.

 처음에 MC를 누르고 3 × 3 M+는 9, 4 × 4 M+는 16, 여기에서 MR을 누르면 25요. 그리고 √ 를 누르니 5가 되었어요.

 또 다른 문제를 풀어봐. 2개 변의 길이가 5cm랑 12cm면 어떻게 될까?

 처음은 그림 그리기네요. 다 그렸으니까 자로 재면 13cm가 돼요.

 이번은 계산기로 똑같이 계산해봐.

 처음에 MC를 누르고 5 × 5 M+로 25, 12 × 12 M+로 144, 여기에서 MR을 누르면 169요. 그리고 √ 를 누르면 13이요. 같은 답이 되었어요. 이거 피타고라스의 정리네요.

 맞아. 직각삼각형의 세 변의 길이에는 불가사의한 관계가 있어. 같은 수를 곱하는 걸 「제곱한다」라고 하는데 이것을 사용해 이 관계를 나타내면 「직각삼각형의 직각을 사이에 두는 2개 변의 길이를 제곱해서 더한 수는 남은 변의 길이의 제곱이 된다」가 되는 거야.

초등학교 수학에서는 그림으로 구했던 길이를 재지 않아도 계산으로 구할 수 있다니 신기해요.

 이 피타고라스의 정리를 사용해서 남은 변의 길이를 구하는 플로차트를 그려봐.

 네?

 루트 부분 외에는 전부 공부했잖아. 힌트는 직각을 사이에 둔 2개의 변을 변수 a와 변수 b로 하고 또 다른 변의 길이를 변수 c로 해서, a와 b에서 c를 계산기로 한 것과 똑같이 계산해. a, b를 입력해서 계산하는 방법은 문제 1과 거의 같아. 문제 1의 플로차트를 다시 한번 떠올려봐.

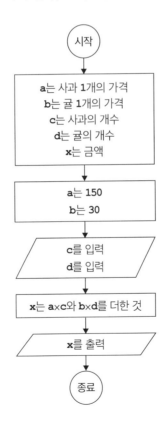

 이걸 보면서 그려볼게요.

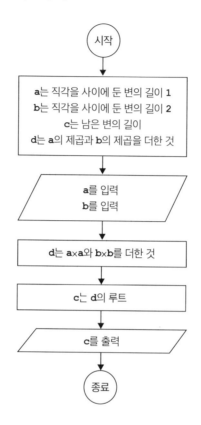

 어려울 것 같았는데 문제 1이랑 똑같아요. 2개의 변수를 입력해서 계산한 결과를 출력하고 있을 뿐이네요.

 이 플로차트를 프로그램으로 했으니까 실행해볼게.

 직각을 사이에 둔 두 변은 3cm와 4cm니까 순서대로 입력할게요.

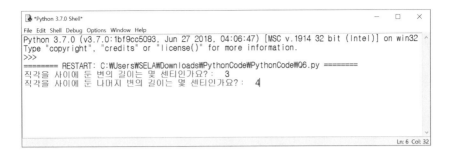

 결과가 나왔어요.

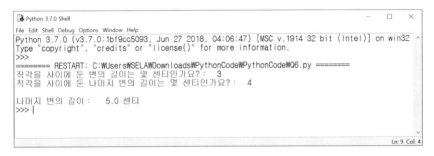

 5cm로 맞았어요. 이건 어떤 프로그램인가요?

 이거야.

```
#Q6
#변수의 의미
#a : 직각을 사이에 둔 변의 길이
#b : 직각을 사이에 둔 나머지 변의 길이
#c : 남은 변의 길이
#d : a의 제곱과 b의 제곱의 합계

import math   #수학용 함수를 사용

#a, b는 소수점 이하의 숫자도 사용하므로 부동소수점형으로서 입력

a=float(input('직각을 사이에 둔 변의 길이는 몇 센티인가요? :   '))
b=float(input('직각을 사이에 둔 나머지 변의 길이는 몇 센티인가요? :   '))

d=a*a+b*b

c=math.sqrt(d)   #c를 √ (함수)를 사용해서 계산

print( )
print('나머지 변의 길이 : ',c,'센티')   #계산 결과를 출력
```

이제까지의 프로그램이랑 비슷한데 어디가 다를까요? 함수라는 단어
도 보이네요. 선배, 알려주세요!

경민이가 말한 대로 문제 1의 프로그램과 처리하고 있는 내용은 거의 같습니다. 변수가 많아지고 있어서 오히려 쉬워졌는지도 모르겠습니다.

문제는 함수의 사용법이 새롭게 추가된 점입니다. 이 프로그램에서는 c=math.sqrt(d)로 함수를 사용합니다. 이 함수는 수학용으로 Python에서는 특별하게 준비를 하지 않으면 사용할 수 없습니다. 그것이 import math입니다.

Python에서의 함수 사용법은 다음과 같습니다.

```
함수명(인수)
```

이번의 함수명은 math.sqrt입니다. 이것은 계산기의 $\sqrt{}$와 같은 루트의 함수를 나타내고 있습니다. 루트는 정확하게는 제곱근이라고 하며, 영어로는 「square root」로, sqrt는 이것을 줄인 것입니다. 맨 앞에 붙어 있는 math는 영어의 「mathematics(수학)」를 의미합니다.

( ) 안의 수를 인수라고 합니다. 인수에는 수치, 변수 및 그 조합으로 완성된 식 등, 최종적으로 수치가 되는 것이 들어갑니다. 숫자 자체(5나 12와 같은 것), 변수(여기서는 d), 수치나 변수를 사용한 식에서도 인수로서 ( ) 안에서 계산한 수치에 대한 함수 값을 구합니다.

따라서 이 프로그램도 도중에 d를 계산하지 않고, c=math.sqrt(a*a+b*b)로도 같은 결과가 나옵니다. 이 프로그램에서는 변수를 하나 여분으로 사용하게 됩니다.

이것은 함수나 문자식을 사용할 수 없는 초등 수학의 공부를 다시 하고 있는 경민이 이해하기 쉽도록 하는 것인데, 식의 계산 결과 값을 몇 번이나 사용할 것 같은 경우는 일반 변수에 계산 결과를 대입해 두고, 그 변수를 참조하도록 하면 식을 몇 번이나 작성하는 수고를 덜 수 있고, 실수도 줄일 수 있습니다.

이로써 윤정 선배의 설명은 끝입니다.

휴식 시간

함수는 중학교에 들어가고 나서 배우니까 조금 어려웠지?
그래도 사용하는 것뿐이면 초등학생도 할 수 있어.

함수는 어려운 것 같아도 편리한 것이네요.
피타고라스의 정리도 떠올랐어요.

고등학교에서 배우는 삼각함수를 사용하면 직각삼각형뿐만
아니라 모든 삼각형에서 변의 길이를 계산할 수 있게 돼.
이쪽도 떠올려 볼래?

삼각함수요?
오늘은 사양합니다...

윤정 선배가 내는 숙제

 숙제 ①

프로그램으로 2개의 변이 5와 12의 경우를 시험해봅시다.

해답 다음과 같습니다. 각자 시험해보세요.

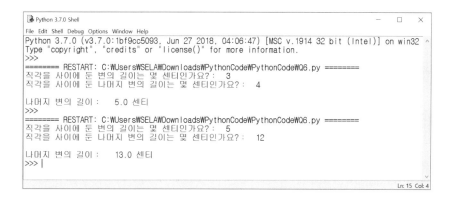

숙제 ②

적당한 직각삼각형을 그리고 세 변의 길이를 재고, 프로그램을 시험해봅시다.

해답 적당하게 직각삼각형을 그립니다.

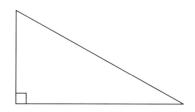

이 그림에 실제로 자를 맞춰서 잰 변의 길이는 4.9cm, 9.1cm, 10.3cm였습니다. 프로그램을 실행해서 입력합니다.

계산으로 나오는 나머지 변의 길이에 대해서는 그림의 정확성의 문제나 mm 단위로도 끝수가 나오기 때문에 딱 맞지는 않을 것 같은데 그래도 거의 정확한 길이가 될 거라 생각합니다. 실제로 재지 않아도 계산으로 길이를 아는 신기함을 경험해보세요.

숙제 3

round라는 함수가 있습니다. round(수치1, 수치2)로 하면 수치1에 대해서 수치2로 나타낸 소수점 이하의 자릿수가 되도록 하나 아래 자릿수를 반올림한 숫자가 됩니다.

예 : round(0.6666, 2)로 하면 소수점 이하 3자릿수를 반올림해서 0.67이 됩니다.

이 round 함수를 사용해 제 6 문의 프로그램을 $\sqrt{}$의 계산 결과가 소수점 이하 1자릿수가 되게 합시다.

해답 c를 math.sqrt 함수로 계산한 후에 round 함수로 처리합니다. 소수점 이하 1자릿수가 되므로 c=round(c, 1)로 합니다. 문제 4와 같이 언더플로우로 표시가 이상해지는 경우도 round 함수로 처리하면 제대로 출력됩니다. 시험해봅시다.

```
#Q6_1
#변수의 의미
#a : 직각을 사이에 둔 변의 길이
#b : 직각을 사이에 둔 나머지 변의 길이
#c : 남은 변의 길이
#d : a의 제곱과 b의 제곱의 합계

import math #수학용 함수를 사용

#a, b는 소수점 이하의 숫자도 사용하므로 부동소수점형으로서 입력

a=float(input('직각을 사이에 둔 변의 길이는 몇 센티인가요? :     '))
b=float(input('직각을 사이에 둔 나머지 변의 길이는 몇 센티인가요? :     '))

d=a*a+b*b

c=math.sqrt(d)  #c를 √ (함수)를 사용해서 계산

c=round(c,1)  #c를 round 함수로 부동소수점 이하 1자릿수로 지정

print( )
print('나머지 변의 길이 : ',c,'센티')  #계산 결과를 출력
```

```
🐍 Python 3.7.0 Shell                                                      —    □    ×
File  Edit  Shell  Debug  Options  Window  Help
Python 3.7.0 (v3.7.0:1bf9cc5093, Jun 27 2018, 04:06:47) [MSC v.1914 32 bit (Intel)] on win32
Type "copyright", "credits" or "license()" for more information.
>>>
====== RESTART: C:\Users\SELA\Downloads\PythonCode\PythonCode\Q6_1.py ======
직각을 사이에 둔 변의 길이는 몇 센티인가요? :     4.9
직각을 사이에 둔 나머지 변의 길이는 몇 센티인가요? :     9.1

나머지 변의 길이 :     10.3 센티
>>> |
                                                                          Ln: 9  Col: 4
```

CHAPTER 07 나눗셈은 어려워?

 야단났네, 어떡하지...

 경민아, 오늘은 뭘 고민하고 있어?

 앗, 선배. 계산기로 나눗셈을 계산할 수 없어요.

 계산기가 고장 났어?

 그건 아니고, 56÷3인데, 계산기로 계산하면 18.66666666으로 나눠지지 않아요.

 그런 것도 있지.

 그럼 몫과 나머지를 모르는 거잖아요. 나눌 수 없는데 나머지가 얼마인지 쓰는 문제예요. 예전에 사용했던 교과서를 집에서 가지고 와 계산 연습을 하려고 했는데 이것은 몫과 나머지를 내는 문제이므로 소수점이 붙은 답은 곤란해요.

 초등 수학 공부를 다시 하는 거니까 계산기를 사용하면 안 되지. 잘 되었네. 오늘은 그걸 문제로 해보자.

문제 7

56÷3의 몫과 나머지를 구합시다.

계산의 방법, 즉, 알고리즘은 경민이도 알고 있지?

 한 문제뿐이면 손으로 바로 계산할 수 있어요.

$$
\begin{array}{r}
18 \\
3\overline{)56} \\
3 \\
\hline
26 \\
24 \\
\hline
2
\end{array}
$$

 이거면 몫이 18, 나머지는 2가 답이네요.

 나누는 수, 나눠지는 수, 몫과 나머지의 관계도 초등학교때 배웠지.

 「나눠지는 수=나누는 수×몫+나머지」예요. 가져온 교과서에도 제대로 적혀 있었어요.

 계산기로 계산하니까 어떻게 되었어?

 18.66666...라고 소수점부터 아래로 숫자가 나열되고, 원하는 건 18 부분만인데 말이죠.

 어제 외운 함수로 그걸 생각해보자. 경민이 원하는 것은 이러한 ■네.
18.66666→■→18

 네네, 이런 ■가 있으면 사용할 수 있을 것 같아요.

 4.23232323이면 어떻게 될까?

 ■을 지나면 소수점에서 아래가 없어지고 4가 됩니다.

 이러한 ■가 있다고 하고 이야기를 진행하자. 그러면 몫은 나오지만 나머지는 어떻게 계산하지?

나누는 수, 나눠지는 수, 몫과 나머지의 관계로부터 계산할 수 있어요.

나눠지는 수 = 나누는 수 × 몫 + 나머지
↓
나눠지는 수 − <u>나누는 수 × 몫</u> = 나누는 수 × 몫 − <u>나누는 수 × 몫</u> + 나머지
↓   (양변에서 같은 걸 뺀다)
나눠지는 수 − 나누는 수 × 몫 = 나머지

 등식의 성질에 대해서는 중학교 수학에서 자세하게 공부하는데 초등 수학에서도 등식의 좌변과 우변에 같은 것을 더하거나 빼거나 해도 등호는 바뀌지 않는다는 성질을 이용하고 있어.

 그러니까 ■가 있으면 플로차트도 프로그램도 될 것 같아요.

 자, 이런 ■는 ■ 그대로, 플로차트로 해보면?

 ■를 사용해 그려볼게요.

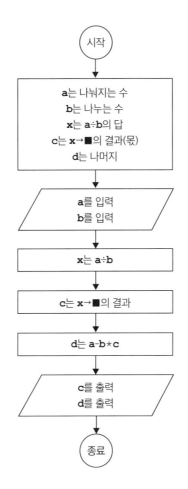

 점점 익숙해지지?

 선배, 덕분이에요. 앞으로 이 ■만 있으면 전부 해결할 수 있을 거 같은데요.

 자, 프로그램을 만들어보자.

 ■ 그대로 프로그램 할 수 있어요?

윤정 선배가 컴퓨터에 프로그램을 입력하고 있습니다.

좋아, 완성. 실행해봐.

 나눠지는 수는 56으로 나누는 수는 3을 입력할게요.

 이걸로 답이 나오려나...

 몫이 18, 나머지가 2, 맞았어요! ■ 이게 실제로 있는 거네요!?

 사실은 int가 그래.

 int는 input 문에서 입력한 문자를 정수로 하는데 사용하지 않았어요?

 응, 실은 int는 함수의 친구로 ( ) 안의 인수를 정수로 하는 것이야. 소수점 이하에 숫자가 있는 수를 정수로 고치는 것은 소수점에서 아래를 없애는 거지? 원래 int는 그런 함수야.

 자, 이 프로그램에도 int 함수를 사용하고 있네요. 빨리 프로그램을 보여주세요.

이거야.

```
#Q7
#a는 나눠지는 수
#b는 나누는 수
#x는 a÷b
#c는 몫
#d는 나머지

a=int(input('나눠지는 수 :')) #a를 입력
b=int(input('나누는 수 :')) #b를 입력

c=a//b   #몫으로서 a÷b의 정수를 계산(연산자//)

d=a%c   #a÷b의 나머지를 계산(연산자%)

print('몫 :',c,'나머지 :',d)   #계산 결과를 출력
```

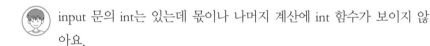 input 문의 int는 있는데 몫이나 나머지 계산에 int 함수가 보이지 않아요.

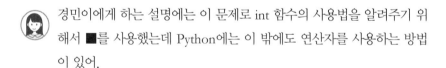 경민이에게 하는 설명에는 이 문제로 int 함수의 사용법을 알려주기 위해서 ■를 사용했는데 Python에는 이 밖에도 연산자를 사용하는 방법이 있어.

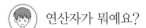 연산자가 뭐예요?

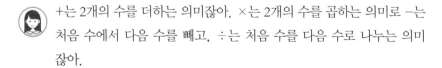 +는 2개의 수를 더하는 의미잖아. ×는 2개의 수를 곱하는 의미로 −는 처음 수에서 다음 수를 빼고, ÷는 처음 수를 다음 수로 나누는 의미잖아.

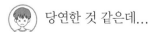 당연한 것 같은데...

 실은 +, −, ×, ÷는 「연산자」라고 해. 그런데 세상에는 이 4개 외에도 많은 연산자가 있어.

이 4개 말고는 몰라요.

 초등 수학 교과서에 이러한 문제가 없었었나? 「기호 ○는 처음 수에 뒤의 수 2배를 더하는 것을 나타낸다. 3○4는 얼마가 될까?」

 있었어요, 있었어요!

 이 ○가 연산자야.

 아, 그렇구나. 진짜 어려운 문제였네요.

 앞뒤로 연결된 수에 어떤 계산을 할지 약속을 정해 두는 것이 연산자야. 앞 프로그램에서 「+=」이 있었잖아. a+=b로 하면 a가 a+b가 되는 계산이었잖아. 이것도 연산자의 친구야.

 그래도 연산자를 사용해서 좋은 게 있어요?

 Python에서는 「//」와 「÷」 연산자가 있어. a//b는 a÷b 몫을, a%b는 a÷b의 나머지를 계산해.

 선배, 대단해요. 그런 편리한 것이 있으면 조금 더 빨리 알려줘요.

 편리한 것은 그것이 어떤 구조로 동작하고 있는지 원리는 이해하고 나서 사용해. 처음에 편리한 연산자 //나 %를 알았으면 경민은 int 함수나 나눗셈의 구조를 제대로 공부했겠어? int 함수는 나눗셈 이외에도 용도가 있어. 기억해두면 반드시 다른 문제에도 사용할 수 있을 거야. 중간시험도 바로 코앞이지만, 예상외 문제로 내볼까?

 으~응, 잘 모르겠지만 앞으로는 그렇게 하겠습니다. 이 프로그램에 대해서 더 알려주세요!

윤정 선배가 알려주는 프로그램의 설명

이번은 사칙연산 이외의 특수한 연산자를 사용한 프로그램의 연습입니다. 연산자의 사용법은 경민이 설명한 대로인데, 만일을 위해 프로그램에서 어떻게 사용되는지를 확인해봅시다.

몫을 구하는 계산 부분은 c=a//b이고, 연산자 //에 의해 a÷b의 몫이 c에 대입됩니다. 나머지에 대해서는 d=a%c이고, 연산자 %에 의해 계산된 a÷b 나머지를 d에 대입합니다. 연산자를 사용했으므로 플로차트에 쓰여 있던 변수 x는 사용하지 않습니다.

만약 Python에 이러한 연산자가 없으면 경민이 처음에 알려준 것처럼 int 함수를 사용해, x=a/b, c=int(x), d=a−b*c와 같은 식으로 계산할 수 있습니다. 처음 함수를 사용하는 경민이 이해하기 쉽도록 나눗셈 대답을 x로써 int 함수의 인수로 했는데 함수에 익숙해지면 인수로서 직접 계산식을 적어도 괜찮을 거라 알 수 있을 것입니다. 즉, c=int(a/b), d=a−b*c로 해도 같은 결과입니다.

이 부분 외 프로그램에 대해서는 이제까지 설명한 대로입니다. 플로차트와 비교하면서 확인하세요. 이로써 윤정 선배의 설명은 여기까지입니다.

 나눗셈은 어려워요.

 나눗셈은 의외로 내용이 깊은 계산이야.
언젠가 또 나눗셈의 몫과 나머지 계산은 나올 예정이야.
자, 오늘 숙제는...

 앞으로 계산 연습 100문을 프로그램으로 시험해볼 테니
봐주세요.

 아이고, 맙소사

 윤정 선배가 내는 숙제

숙제 ①

프로그램으로 몇 가지 나눗셈 계산을 해봅시다.

해답 경민이처럼 각자 시험해보세요.

나머지가 0일 때는 몫만 출력하는 플로차트와 프로그램을 만듭시다.

해답 숙제로 하기는 조금 어려운 문제입니다. 앞에서 공부한 조건 분기 복습을 해둡시다.

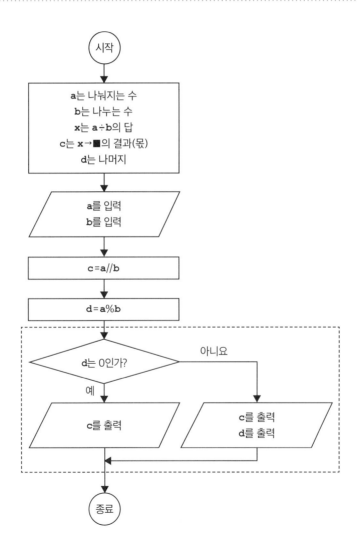

점선으로 감싼 부분이 변경한 곳입니다. 마름모 안에 「d는 0인가?」가 있습니다. 즉 나머지가 0인지 여부로 처리가 변합니다. 「예」일 때는 나머지가 0이므로 몫만 출력하고, 「아니요」일 때는 나머지가 0이 아니므로 몫과 나머지의 양쪽을 출력하고 프로그램을 끝냅니다.

플로차트로 만든 프로그램입니다. if 블록이 변경한 곳입니다. 플로차트와 비교해 문제 2의 설명도 참고해서 복습하세요. 연산자를 사용하고 있으므로 변수 x는 사용하지 않습니다.

```
#Q7_1
#a는 나눠지는 수
#b는 나누는 수
#c는 몫
#d는 나머지

a=int(input('나눠지는 수 :'))  #a를 입력
b=int(input('나누는 수 :'))     #b를 입력

c=a//b  #몫으로서 a÷b의 정수를 계산(연산자 //)

d=a%c  #a÷b의 나머지를 계산(연산자 %)

if d==0 :  #나머지는 0인가?
    print('몫 :',c) #나머지가 0이면 몫만 출력

else :
    print('몫 :',c,'나머지 :',d)  #나머지가 0이 아니면 몫과 나머지를 출력
```

실행한 결과입니다.

```
Python 3.7.0 Shell                                              —  □  ×
File Edit Shell Debug Options Window Help
Python 3.7.0 (v3.7.0:1bf9cc5093, Jun 27 2018, 04:06:47) [MSC v.1914 32 bit (Intel)] on win32
Type "copyright", "credits" or "license()" for more information.
>>>
====== RESTART: C:\Users\SELA\Downloads\PythonCode\PythonCode\Q7_1.py ======
나눠지는 수 :54
나누는 수 :3
몫 : 18
>>> |
                                                               Ln: 8 Col: 4
```

경민이에게는 이 프로그램을 전달하는 편이 나았을까요?

숙제 2의 프로그램을 특수한 연산자를 사용하지 않고 int 함수를 이용해서 몫과 나머지를 구하는 프로그램으로 합시다.

해답 ▶ 힌트는 프로그램 설명에 써있습니다. int 함수를 사용해 몫과 나머지를 계산하는 식으로 바꾸는 것뿐입니다.

```
#Q7_2
#a는 나눠지는 수
#b는 나누는 수
#x는 a÷b
#c는 몫
#d는 나머지

a=int(input('나눠지는 수 :'))  #a를 입력
b=int(input('나누는 수 :'))     #b를 입력

x=a/b

c=int(x)  #몫으로서 int 함수로 x 정수를 c에 대입

d=a-b*c  #나머지를 나눗셈의 관계를 사용해 계산

if d==0 :  #나머지는 0인가?
   print('몫 :',c)  #나머지가 0이면 몫만 출력

else :
   print('몫 :',c,'나머지 : ',d)  #나머지가 0이 아니면 몫과 나머지를 출력
```

08 주사위를 만들어 보자
CHAPTER

 윤정
 경민

이날, 경민이는 동아리실의 테이블에서 대굴대굴 주사위를 던지면서 무언가 메모를 하고 있습니다. 거기에 윤정 선배가 왔습니다.

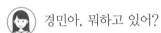 경민아, 뭐하고 있어?

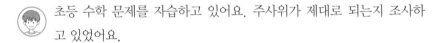 초등 수학 문제를 자습하고 있어요. 주사위가 제대로 되는지 조사하고 있었어요.

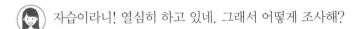 자습이라니! 열심히 하고 있네. 그래서 어떻게 조사해?

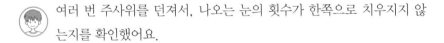 여러 번 주사위를 던져서, 나오는 눈의 횟수가 한쪽으로 치우지지 않는지를 확인했어요.

 몇 번 던져서 조사했어?

300회 했어요. 1부터 6의 눈이 300÷6으로 50회씩 나오면 돼요.

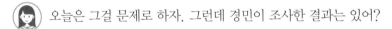 오늘은 그걸 문제로 하자. 그런데 경민이 조사한 결과는 있어?

지금, 마지막 300회째가 끝났어요. 이것이 결과표입니다.

주사위의 눈	1	2	3	4	5	6
나온 수	58	55	44	40	49	54

이 결과가 제대로 된 주사위라고 생각해?

 으~응, 미묘...

 정확하게는 통계학적인 검증을 해서 조사해야 하는데 그건 프로그램의 특별 훈련을 일단락하고 나서 공부하자. 그럼, 오늘 숙제야.

 문제 8

입력한 횟수 주사위를 던져 나온 눈의 수를 셉시다.

 주사위가 컴퓨터 안에 들어 있어요?

 주사위가 들어있는 건 아닌데 함수를 잘 사용하면 주사위처럼 사용할 수 있는 기능이 있어.

 또 함수인가요? 어렵네요.

 함수는 초등학교 수학에서는 다루지 않지만 「검은 상자」와 같이 초보적인 개념은 공부했잖아. 열심히 해봐. 어쨌든 플로차트를 그릴 때는 나올 주사위 눈을 넣는 변수에 사를 대입하도록 적어보자. 그 밖에도 이제까지 배운 방법을 사용하는데 알겠니?

 몇 번이나 주사위를 던졌어요. 같은 처리를 반복하니까 루프를 사용하는 것 아닐까요?

 그렇지, 잘 기억하고 있었네. 몇 번이나 같은 처리를 반복하기 위해서는 루프를 사용하는 거지. 다른 방법도 사용할 필요는 없는 걸까? 오늘 자습으로 주사위를 던져서 눈이 나오면 경민이가 뭘 해야 하는지 떠올려봐.

주사위를 던져, 만약 1의 눈이 나오면 1의 눈 횟수를 1 증가한다, 2의 눈 일 때는 2의 눈의 횟수, 3의 눈일 때는... 그렇지, 만약 무엇 무엇 일 때는 무엇을 하는 「조건 분기」이고요. 나온 주사위의 눈으로 처리 가 바뀌는 거네요.

 자, 그 알고리즘을 플로차트로 정리해봐. 힌트는 주사위의 눈이 나온 횟수의 변수를 알기 쉽게 정해 놓자. 이제까지는 이름을 알파벳 한 문 자로 했었는데 이번에는 주사위의 1의 눈이 나온 횟수를 s1, 2의 눈 은 s2, 3의 눈은 s3, 4의 눈은 s4, 5의 눈은 s5, 6의 눈은 s6으로 하자. 주사위를 던지는 횟수는 n으로 해서 키보드로부터 입력하도록 해.

 그럼 그려볼게요.

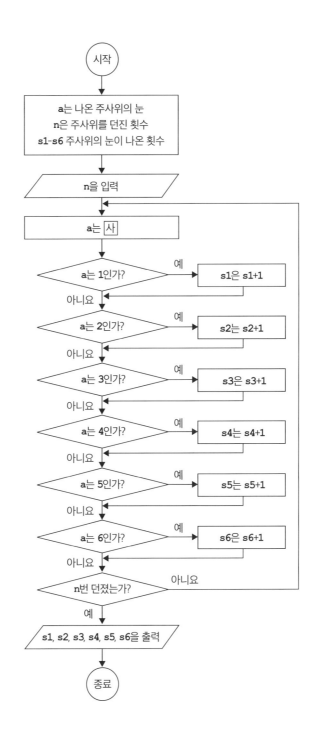

시작

a는 나온 주사위의 눈
n은 주사위를 던진 횟수
s1-s6 주사위의 눈이 나온 횟수

n을 입력

a는 [사]

a는 1인가? ──예──→ s1은 s1+1
아니요

a는 2인가? ──예──→ s2는 s2+1
아니요

a는 3인가? ──예──→ s3은 s3+1
아니요

a는 4인가? ──예──→ s4는 s4+1
아니요

a는 5인가? ──예──→ s5는 s5+1
아니요

a는 6인가? ──예──→ s6은 s6+1
아니요

n번 던졌는가? ──아니요
예

s1, s2, s3, s4, s5, s6을 출력

종료

잘했네.

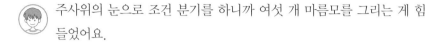 주사위의 눈으로 조건 분기를 하니까 여섯 개 마름모를 그리는 게 힘들었어요.

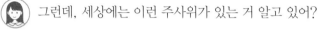 그런데, 세상에는 이런 주사위가 있는 거 알고 있어?

 이게 뭐예요?

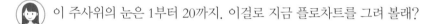 이 주사위의 눈은 1부터 20까지. 이걸로 지금 플로차트를 그려 볼래?

 무리, 무리!

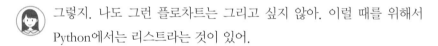 그렇지. 나도 그런 플로차트는 그리고 싶지 않아. 이럴 때를 위해서 Python에서는 리스트라는 것이 있어.

 리스트요?

 초등학교 교실 뒤에 체육복 같은 걸 넣어 두는 사물함이 있었지? 그것과 같은 거라 생각해봐. 많이 있는 사물함 중에서 경민이 사용하는 사물함은 어떻게 찾아?

제 출석 번호가 쓰여 있는 사물함을 사용하게 돼 있죠.

그렇지. 사물함에 번호가 쓰여 있고, 그 번호로 누구 사물함인지 알지. Python에서도 리스트라는 사물함 같은 것을 사용할 수 있어. 첫 번째 사물함에는 주사위의 1의 눈이 나온 횟수, 두 번째 사물함에는 2의 눈이 나온 수와 같은 상태로 사용할 수 있고, 그 숫자를 다른 숫자로 바꿔 넣을 수 있어.

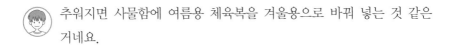 추워지면 사물함에 여름용 체육복을 겨울용으로 바꿔 넣는 것 같은 거네요.

그렇게 생각하면 이해하기 쉽네. 그래서 경민이가 조사한 숙제의 답을 리스트를 사용하면 이렇게 돼. 리스트에 들어 있는 건 「요소」라고 하고, 지금은 주사위의 눈이 나온 횟수의 값이 요소로 돼 있어.

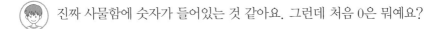

[0, 58, 55, 44, 40, 49, 54]

진짜 사물함에 숫자가 들어있는 것 같아요. 그런데 처음 0은 뭐예요?

리스트 번호는 0부터 시작되는 약속으로 돼 있어. 나열된 차례에 0, 1, 2, 3, 4, 5, 6이라는 번호가 붙어 있어. 주사위의 눈에 0은 없으니까 나온 횟수는 0회라는 거지. 이 리스트도 변수처럼 이름이 없으면 불편하니까 변수와 마찬가지로 이름을 붙이게 돼 있어.

 리스트에 들어 있는 요소를 사용하려면 어떻게 하면 돼요?

이 리스트의 이름을 s로 하자. 그러면 이제까지는 주사위의 1의 눈이 나온 횟수의 변수를 s1으로 했는데 이것을 s[1]로 할 수 있어. 2의 눈은 s[2], 3의 눈은 s[3]인 상태가 되지.

아무것도 바뀌지 않은 것처럼 생각되는데, 뭔가 좋은 것이 있는 거예요?

[ ] 안에는 1이나 2와 같은 숫자도 들어가는데 a 같은 변수도 들어갈 수 있어. a가 1이면 s[a]는 s[1]과 같은 것이 되는 거야.

조금 더 자세하게 알려주세요.

「만약 주사위의 눈 a가 1이면 s1을 1 증가한다」는 여섯 개의 조건 분기로 조사했는데 리스트를 사용하면 「s[a]를 1 증가한다」는 처리로 끝나는 거지.

a가 나온 주사위 눈의 수니까 s[a]는 그 눈의 나온 횟수를 기억하는 요소이고, 그걸 1 증가하니까 그걸로 되는 거네요. 이거 너무 편리한데요.

처음부터 편리한 걸 사용하면 편리한 걸 모르게 되고 말지. 이것을 사용해 플로차트를 그려봐.

경민이가 플로차트를 그렸습니다.

이렇게 되었어요. 꽤 말끔하게 했어요.

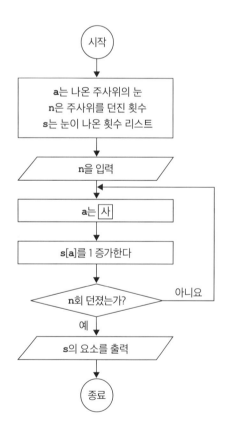

MC 를 떠올려봐. s[1]부터 s[6]에는 눈이 나올 때마다 1을 더해 나가니까 처음에 클리어 해두자.

 그랬었지. MC 를 잊었어요. 고치면 이렇게 돼요.

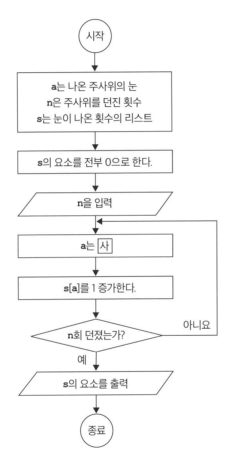

시작

a는 나온 주사위의 눈
n은 주사위를 던진 횟수
s는 눈이 나온 횟수의 리스트

s의 요소를 전부 0으로 한다.

n을 입력

a는 사

s[a]를 1 증가한다.

n회 던졌는가?   아니요

예

s의 요소를 출력

종료

 마지막은 사 네요. 이게 없으면 진짜 프로그램은 되지 않아요.

 그렇지. 이건 조금 어려우니까 결론부터 생각해보자. random.random 함수를 사용해.

 그게 뭐예요? random.random 함수라니 어떤 함수에요?

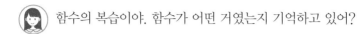 함수의 복습이야. 함수가 어떤 거였는지 기억하고 있어?

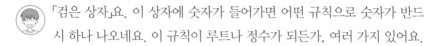 「검은 상자」요. 이 상자에 숫자가 들어가면 어떤 규칙으로 숫자가 반드시 하나 나오네요. 이 규칙이 루트나 정수가 되든가, 여러 가지 있어요.

그렇지. 이 random.random 함수는 어떤 인수가 들어가도 0부터 0.999999... 사이에 있는 숫자가 무작위로 하나 나오는 함수야. 이러한 무작위 수를 난수라고 해.

그런 함수가 있어요?

확실히 괴짜일 수도 있는데 함수의 친구야. 「×0」 함수를 떠올려봐. 어떤 숫자가 들어가도 0이 나오잖아? 함수는 다른 숫자를 넣으면 다른 숫자가 나오면 안 되는 건 아니고, 나오는 숫자는 무작위라도 「0.99999... 사이의 난수」가 반드시 나오는 규칙이 있어서 간신히 OK야.

이상한 함수네요.

이상한 함수인데, 재미있는 함수이기도 해. 게임도 뻔한 스토리가 아니고 예상 밖의 전개가 일어나는 쪽이 재미있지? 이럴 때 활약하는 것이 난수야.

random.random 함수는 대략 알겠는데 이걸로 주사위 눈이 나와요?

이렇게 하면 주사위 눈이 나와.

$$int(random.random(\ )\ast6)+1$$

int 함수도 사용해요? 아니면 함수 안에 함수가 들어있는건가?

차례대로 설명할게. random.random 함수의 ( )에는 아무것도 인수는 들어 있지 않은데 어떤 숫자가 들어와도 나오는 것은 0부터

0.9999999... 사이의 난수라서 생략해도 결과는 같아. 이 난수에 6을 곱하고 있는데 어떻게 될까?

0일 때는 무엇을 곱해도 0이요. 0.9999999...에 6을 곱하면 음, 어렵네.

약간 큰 1이라면 어떻게 될까?

그건 6이요.

이 경우는 그보다 조금이라도 작은 숫자니까 6이 될까?

6은 안되고 6보다 작으니까. 5.... 정도의 수가 되네요.

그렇지. 그러니까 int 함수를 사용하면 어떻게 될까?

소수점에서 아래가 없어지니까 5.... 정도의 수는 5가 돼요.

그러면 0부터 0.999999...의 난수에 6을 곱하면 어떻게 될까?

가장 작은 0일 때는 0, 가장 클 때는 0.999999...에서는 5가 되네요. 다른 것은 이 사이가 되니까 0부터 5 사이의 정수, 즉, 0, 1, 2, 3, 4, 5 중 하나가 돼요.

그렇지. 이 식에서는 그것에 1을 더하고 있네.

0은 1이 되고, 1은 2, 2는 3... 그러니까 1, 2, 3, 4, 5, 6이 돼요. 이거 주사위의 눈의 수네요!

생각해내는 것은 어려울 수도 있는데 결론부터 반대로 차례로 거슬러 생각해보면 정확하게 이해되는 경우가 있어. 어쨌든 이 식을 사용해서 프로그램 만든 걸 실행해보자.

컴퓨터가 몇 회 주사위를 던질지 물어보네요. 몇 회로 할까요?

```
*Python 3.7.0 Shell*                                              —  □  ×
File Edit Shell Debug Options Window Help
Python 3.7.0 (v3.7.0:1bf9cc5093, Jun 27 2018, 04:06:47) [MSC v.1914 32 bit (Intel)] on win32
Type "copyright", "credits" or "license()" for more information.
>>>
======= RESTART: C:\Users\SELA\Downloads\PythonCode\PythonCode\Q8.py =======
주사위를 던지는 횟수 :|
                                                              Ln: 5 Col: 0
```

 6만 회.

 유...육만 회? 저런, 300회로도 힘들었는데 며칠 걸리는 거 아니에요?

 6만 회!

 어떻게 돼도 전 몰라요.

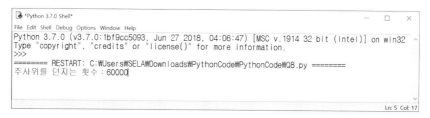

```
*Python 3.7.0 Shell*                                              —  □  ×
File Edit Shell Debug Options Window Help
Python 3.7.0 (v3.7.0:1bf9cc5093, Jun 27 2018, 04:06:47) [MSC v.1914 32 bit (Intel)] on win32
Type "copyright", "credits" or "license()" for more information.
>>>
======= RESTART: C:\Users\SELA\Downloads\PythonCode\PythonCode\Q8.py =======
주사위를 던지는 횟수 : 60000|
                                                              Ln: 5 Col: 17
```

 어? 벌써 나왔네.

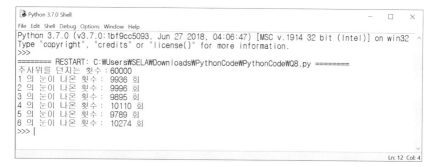

```
Python 3.7.0 Shell                                               —  □  ×
File Edit Shell Debug Options Window Help
Python 3.7.0 (v3.7.0:1bf9cc5093, Jun 27 2018, 04:06:47) [MSC v.1914 32 bit (Intel)] on win32
Type "copyright", "credits" or "license()" for more information.
>>>
======= RESTART: C:\Users\SELA\Downloads\PythonCode\PythonCode\Q8.py =======
주사위를 던지는 횟수 : 60000
1 의 눈이 나온 횟수 : 9936 회
2 의 눈이 나온 횟수 : 9996 회
3 의 눈이 나온 횟수 : 9895 회
4 의 눈이 나온 횟수 : 10110 회
5 의 눈이 나온 횟수 : 9789 회
6 의 눈이 나온 횟수 : 10274 회
>>> |
                                                              Ln: 12 Col: 4
```

 6만 회나 주사위를 던졌는데 거의 시간이 걸리지 않았네요.

전에도 말했는데 컴퓨터를 사용하는 장점은 시간과 노력의 절약이야.

 전에 선배가 알려줄 때는 잘 이해할 수 없었는데 오늘 프로그램으로 확실히 알았어요. 300회 할 수 있는 거면 6만 회도 시간이 걸리면 할 수 있겠지만 컴퓨터면 같은 것을 눈 깜짝할 사이에 해서 시간을 절약할 수 있네요. 그런데 이것은 어떤 프로그램이에요?

 이거야.

```
#Q8
#변수의 의미
#a : 던져 나온 주사위의 눈
#s : 눈이 나온 횟수를 넣는 리스트
#n : 주사위를 던지는 횟수
#i : 던진 횟수의 카운터

import random   #난수를 사용

s=[0,0,0,0,0,0,0]      #리스트를 초기화

n=int(input('주사위를 던지는 횟수 :'))

for i in range(n) :   #n회 주사위를 던지는 처리를 반복
    a=int(random.random()*6)+1   #난수 함수로 주사위의 눈을 발생
    s[a]+=1   #리스트 S에서 a의 눈의 요소를 1 증가

for i in range(1,7) : #각 주사위의 눈(1~6)을 출력하는 처리를 반복
    print (i, '의 눈이 나온 횟수 :', s[i], '회')   #i에 상응하는 리스트 s의 요소를 출력
```

 이거 어떻게 만들었어요? 알려주세요!

이번은 리스트에 관한 부분이 새로운 것뿐, for 루프 등은 전부 이미 나온 것이 많습니다.

처음에 import random 처리를 하고 있는데 이건 주사위의 눈을 내는 random.random 함수를 사용하도록 하기 위한 준비입니다. 문제 6에서는 수학용의 함수를 사용하기 위해서 import math라는 처리를 했는데 이것도 같습니다. Python에서는 보통 사용하지 않는 특수한 함수를 사용하기 위해서 준비를 해야 합니다.

리스트 이름은 변수와 마찬가지로 붙일 수 있는데 프로그램의 안에서 이미 사용되고 있는 변수와 같은 이름은 사용할 수 없습니다. 요소를 지정하는 것은 [ ]를 사용, ( )는 사용할 수 없습니다. 이 프로그램에서는 요소의 번호는 1부터 6의 주사위 눈을 나타내고 있는데 경민에게 설명했듯 요소의 번호는 0부터 시작되는 약속이므로, 리스트에는 0번의 요소를 포함해 7개의 요소가 필요합니다.

Python 프로그램에서는 사용하는 리스트를 사전에 만들어 두어야 합니다. 이 프로그램에서는 s라는 이름의 리스트가 0번부터 6번까지의 7개의 요소를 갖도록 준비합니다. 첫 단계에서는 전체 요소는 0이므로 이와 같습니다.

```
s=[0, 0, 0, 0, 0, 0, 0]
```

이로써 주사위의 눈을 넣어 두는 리스트를 준비했습니다.
리스트의 사용법을 이해하기 위해서는 조금 건너뛰어서 결과를 출력하는 처리를 먼저 설명합니다.

```
for i in range(1, 7) :
    print(i, '의 눈이 나온 횟수 :', s[i], '회')
```

이것은 리스트 s의 요소를 for 루프를 사용해 차례대로 출력하는 처리입니다. for 문에서의 카운터 변수 i의 반복 방식은 in 다음이 range(1, 7)로 1, 2, 3, 4, 5, 6으로 변화합니다. 각각의 i로 계속해서 인덴트 들여쓴 print 문에서의 출력을 반복 처리합니다.

print 문에서는 ( ) 안에 있는 [,]로 연결된 변수나 메시지를 차례대로 출력합니다. 이 프로그램에서는 i가 1, 2, 3, 4, 5, 6으로 변화할 때 i의 값, '의 눈이 나온 횟수 :', s[i](리스트의 i번째의 요소), '회'를 출력하므로 경민이 시험한 화면과 같을 것입니다. 요소의 [ ] 안에 변수를 넣어서 지정할 수 있는 것은 이런 것입니다. 마지막으로 가장 중요한 주사위를 던져서 나온 눈의 수를 세는 for 문의 설명입니다.

```
for i in range(n) :
    a = int(random.random()*6)+1
    s[a] += 1
```

for 루프의 사용법은 결과의 출력보다도 단순합니다. for 블록 안에는 어느 곳에도 카운터 변수 i가 없습니다. in 다음은 range(n)이므로 입력한 n 횟수를 반복하는 가장 단순한 루프 사용법입니다.

a=int(random.random( )*6)+1은 경민이 설명한 대로입니다. a는 주사위의 눈, 즉, 1, 2, 3, 4, 5, 6 중 하나의 수가 되므로 s[a]는 나온 눈의 횟수를 기억하는 요소입니다. 이 값에 s[a] += 1이라는 처리에서 1을 더하는 것은 a의 눈 나온 횟수 1을 증가시키는 처리입니다. 연산자 += 사용법을 복습해둡시다. 또한, Python에서는 random.random 함수보다도 random.randint 함수를 사용한 쪽이 간단하게 주사위의 눈을 만들 수 있습니다. 이 함수의 사용법은

random.randint(x, y)로 하면 정수 x와 y 사이의 정수가 난수가 됩니다. 주사위의 눈이라면 random.randint(1, 6)으로 하면 됩니다. 경민의 공부를 위해서 어기저기 조금 길을 돌아가고 있으므로 양해 바랍니다. 이 프로그램은 짧지만 루프의 힘을 느낄 수 있었을 거라 생각합니다.

이로써 윤정 선배의 설명은 여기까지입니다.

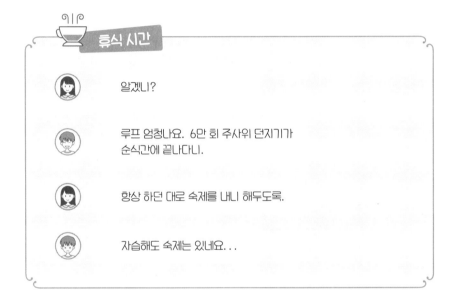

알겠니?

루프 엄청나요. 6만 회 주사위 던지기가
순식간에 끝나다니.

항상 하던 대로 숙제를 내니 해두도록.

자습해도 숙제는 있네요. . .

윤정 선배가 내는 숙제

사진에 보이는 주사위를 던진 눈의 수의 횟수를 세는 플로차트와 프로그램은 어떻게 될까요?

해답 보통의 주사위가 1부터 6까지의 눈이 있는데 반해 사진의 주사위는 1부터 20까지의 눈이 나옵니다. 플로차트도 프로그램도 6을 20으로 변경만 하면 됩니다.

문제는 리스트 s의 준비인데 s[0]도 포함해 21개의 요소를 가집니다. 문제 8의 프로그램처럼 s=[0, 0, 0, 0, 0, 0, 0, 0, 0, 0, 0, 0, 0, 0, 0, 0, 0, 0, 0, 0, 0]으로 해도 되는데, 실은 리스트는 덧셈이나 곱셈을 할 수 있습니다.

예를 들어, s=[1, 2]+[3, 4, 5]로 하면 s는 [1, 2, 3, 4, 5]가 됩니다. 21개의 [0]을 가진 s를 만들려면 s=21*[0]입니다. 리스트의 사용법은 아직 많이 있으므로 제대로 공부합시다.

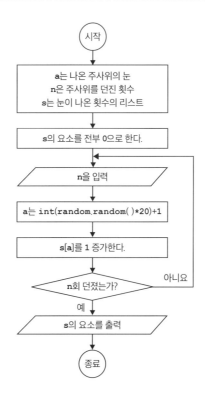

```
#Q8_1
#변수의 의미
#a : 던져 나온 주사위의 눈
#s : 눈이 나온 횟수를 넣는 리스트
#n : 주사위를 던지는 횟수
#i : 던진 횟수의 카운터

import random   #난수를 사용

s=21*[0]    #리스트를 초기화

n=int(input('주사위를 던지는 횟수 :'))

for i in range(n) :   #n회 주사위를 던지는 처리를 반복
    a=int(random.random( )*20)+1    #난수 함수로 주사위의 눈을 발생
    s[a]+=1 #리스트 S에서 a의 눈의 요소를 1 증가

for i in range(1,21) :   #각 주사위의 눈(1~20)을 출력하는 처리를 반복
    print (i, '의 눈이 나온 횟수 :', s[i], '회')   #i에 상응하는 리스트 s의 요소를 출력
```

사진에 나타낸 주사위를 던져서 나온 눈의 횟수를 세는 프로그램을 사용해
20만 회 주사위를 던진 결과를 시험해봅시다.

해답 실행하기 전에 대략 어떤 횟수가 될지 예상을 해가며 시험해봅시다.

```
Python 3.7.0 Shell                                                    —  □  ✕
File Edit Shell Debug Options Window Help
Python 3.7.0 (v3.7.0:1bf9cc5093, Jun 27 2018, 04:06:47) [MSC v.1914 32 bit (Intel)] on win32
Type "copyright", "credits" or "license()" for more information.
>>>
====== RESTART: C:\Users\SELA\Downloads\PythonCode\PythonCode\Q8_1.py ======
주사위를 던지는 횟수 : 2000000
1 의 눈이 나온 횟수 :  100039 회
2 의 눈이 나온 횟수 :  99651 회
3 의 눈이 나온 횟수 :  100267 회
4 의 눈이 나온 횟수 :  99867 회
5 의 눈이 나온 횟수 :  99729 회
6 의 눈이 나온 횟수 :  99817 회
7 의 눈이 나온 횟수 :  100212 회
8 의 눈이 나온 횟수 :  99936 회
9 의 눈이 나온 횟수 :  100283 회
10 의 눈이 나온 횟수 :  100208 회
11 의 눈이 나온 횟수 :  99909 회
12 의 눈이 나온 횟수 :  100115 회
13 의 눈이 나온 횟수 :  100268 회
14 의 눈이 나온 횟수 :  100477 회
15 의 눈이 나온 횟수 :  99882 회
16 의 눈이 나온 횟수 :  99873 회
17 의 눈이 나온 횟수 :  99810 회
18 의 눈이 나온 횟수 :  100213 회
19 의 눈이 나온 횟수 :  99042 회
20 의 눈이 나온 횟수 :  100402 회
>>> |
                                                                      Ln: 26 Col: 4
```

 숙제 3

random.random 함수가 아닌 random.randint 함수를 사용해 문제 8의
프로그램을 다시 작성합시다.

해답 주사위의 눈을 만드는데 random.randint 함수를 사용하면 a=random.randint(1, 6)이
되므로 이것을 바꾸기만 하면 됩니다.

```
#Q8_2
#변수의 의미
#a : 던져 나온 주사위의 눈
#s : 눈이 나온 횟수를 넣는 리스트
#n : 주사위를 던지는 횟수
#i : 던진 횟수의 카운터

import random     #난수를 사용

s=[0,0,0,0,0,0,0]       #리스트를 초기화

n=int(input('주사위를 던지는 횟수 :'))

for i in range(n) :  #n회 주사위를 던지는 처리를 반복
a=int(random.randint(1,6))   #난수 함수로 주사위의 눈을 발생
    s[a]+=1   #리스트 S에서 a의 눈의 요소를 1 증가

for i in range(1,7) :   #각 주사위의 눈(1~6)을 출력하는 처리를 반복
    print (i, '의 눈이 나온 횟수 :', s[i], '회')   #i에 상응하는 리스트 s의 요소를 출력
```

숫자 배틀!

 윤정 경민

 경민아, 프로그래밍 공부는 재미있어?

 재미없는…건 아니에요. 미묘…

 왜?

 뭐랄까, 하고 있는 건 초등 수학 공부이고. 초등 수학부터 다시 해서 프로그램 공부하고 있는 건 알고 있는데, 모처럼 초등학생으로 돌아간 기분이라 좀 더 게임같은 것도 해보고 싶어요.

 그렇다면 오늘은 남자들이 좋아하는 「배틀!」 문제를 해보자.

문제 9

다음 표의 선수를 전투력이 강한 순서대로 나열합시다.

선수 번호	전투력
1	23
2	5
3	83
4	6
5	10
6	31
7	13
8	19
9	9
10	20

딱 보면 3번의 전투력 83인 선수가 첫 번째네요.

 다음은 어떤 선수?

 음...1번? 아니 6번의 전투력이 크네, 6번 선수요.

 10명이니까 그래도 되는데 100명이나 1,000명이 되면 어떻게 번호를 붙일지 알고리즘을 정리해봐. 딱 보지 않고 말이야.

 게임을 하고 있을 때는 어떻게 순위를 붙일지 생각해본 적이 없네. 게임이면 배틀해서 마지막까지 계속 이기면 챔피언이 되는데...

 답은 정해져 있지 않아? 그걸로 됐어.

 앗, 배틀해서 마지막까지 계속 이기면 챔피언인거네요.

 그러니까 차례대로 배틀해서 마지막까지 계속 이긴 것이 가장 강한 선수라는 것. 이것도 굉장한 알고리즘이야. 다음은 이 배틀 순서를 생각해보자. 그거랑 순서를 알기 쉽게 하기 위해서 선수가 앉아 있는 자리의 번호를 강한 순으로 커지게 해. 지금은 배틀 전이니까 순서로는 안 되어 있는데 배틀 결과로 자리를 바꾸지.

 지금 자리는 「임시 순위」인거네요.

 그런 단어는 잘 알고 있네. 배틀도 무작위로 하면 되는 건 아니야. 순서를 잘 생각해보자. 처음은 어떤 선수와 어떤 선수가 배틀하는 것이 좋을까? 만화에 힌트는 없을까?

 만화라면 주인공이 배틀할 상대는 처음은 가장 약한 상대가 나오고 압승하죠. 그런데 점점 강한 상대가 나오고, 마지막은 강적을 격심한 배틀 끝에 간신히 쓰러뜨리는 스토리에요.

약한 것부터 시작해서 점점 강한 상태와 싸우는 것이 순서인 거네.

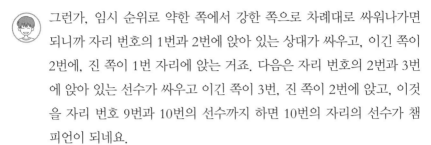 그런가, 임시 순위로 약한 쪽에서 강한 쪽으로 차례대로 싸워나가면 되니까 자리 번호의 1번과 2번에 앉아 있는 상대가 싸우고, 이긴 쪽이 2번에, 진 쪽이 1번 자리에 앉는 거죠. 다음은 자리 번호의 2번과 3번에 앉아 있는 선수가 싸우고 이긴 쪽이 3번, 진 쪽이 2번에 앉고, 이것을 자리 번호 9번과 10번의 선수까지 하면 10번의 자리의 선수가 챔피언이 되네요.

 만화도 도움이 되네. 바로 그거야. 그렇게 하면 몇 번 시합하게 되는 걸까?

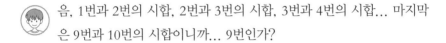 음, 1번과 2번의 시합, 2번과 3번의 시합, 3번과 4번의 시합... 마지막은 9번과 10번의 시합이니까... 9번인가?

 선수의 수에서 1을 뺀 수가 시합의 수가 돼.

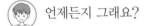 언제든지 그래요?

 시합하는 편성에서 작은 쪽의 자릿수를 봐, 1번부터 9번까지잖아. 그러니까 9번 시합이지. 그거랑, 1회 시합을 한다는 건 어느 쪽이 진다는 거고 진 선수는 챔피언이 아닌 것을 알 수 있어. 챔피언은 1명이니까 챔피언이 아닌 선수는 9명. 이 9명을 찾기 위해서는 9번 시합은 필수. 이렇게 생각할 수도 있지.

 뭐랄까, 저, 두근두근 거리기 시작했어요.

 다음에 준우승 선수를 찾는 건데 어떻게 할까?

 제1회전으로 챔피언이 정해졌으니 나머지 9명으로 2회전을 해서 준우승 선수를 찾아요.

제2회전에 출장하는 건 9명이니까 9번째 자리를 건 배틀이야. 제2회전은 몇 시합이 될까?

 9−1=8시합이요.

 전부 몇 회전할까?

 10회전 아닌가요?

 사실은 9회전이야. 9회전이 끝나면 10번부터 2번까지의 자리에 앉는 선수가 정해져 있지? 나머지 1명은 1번 자리 이외에 앉을 자리는 없으니까 자동으로 정해지고 말지.

 쓸쓸히 앉아 있을 것 같아 조금 불쌍해요.

 이제까지 정리한 알고리즘을 플로차트로 하자. 루프를 제대로 사용해 봐. 그리고 리스트는 2개를 사용해.

 리스트가 2개 있어요?

 어떤 자리에 앉아 있는 선수의 선수 번호 n과 전투력 s, 2개의 리스트가 필요하지. 그거랑, 루프도 이중 루프가 되지.

 이중이라니 이제까지도 루프는 몇 개나 있었잖아요. 다른가요?

 처음 시합은 챔피언을 정하는 시합의 최초 시합이지. 이럴 때는 「제1회전 제1시합」이 되지? 다음은 「제1회전 제2시합」, 준우승을 정할 때는 「제2회전 제1시합」이 되지. 2개의 숫자가 차례로 바뀌고 있는 걸 알려나?

 알아요. 제○회전 제□시합, 2개의 숫자가 있어요.

플로차트는 이거야.

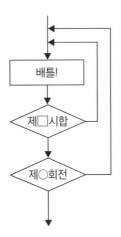

 이런 걸 「루프의 중첩」이라고 해. 루프 안에 루프가 있는 형태. 이 인형을 알고 있어?

마트료시카. 큰 인형 안에서부터 점점 작은 인형이 나오는 러시아 인형이요.

 이것은 루프의 중첩과 같아. 그럼, 좀 더 힌트를 줄게. ○에는 카운터 변수 i, □에 카운터 변수 j를 사용한 것으로서 i와 j는 어떤 관계가 될까? 제1회전과 제2회전일 때를 비교해서 생각해봐.

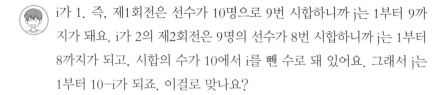

i가 1. 즉, 제1회전은 선수가 10명으로 9번 시합하니까 j는 1부터 9까지가 돼요. i가 2의 제2회전은 9명의 선수가 8번 시합하니까 j는 1부터 8까지가 되고, 시합의 수가 10에서 i를 뺀 수로 돼 있어요. 그래서 j는 1부터 10-i가 되죠. 이걸로 맞나요?

잘했어. 시합의 수는 a를 사용해. 자, i는 어떤 범위가 될까?

앞에서 제9회전까지 하는 건 알았으니까 1부터 9까지가 돼요.

이로써 준비 완료네. 플로차트를 그려봐.

오늘은 조금 어려우니까 조금만 도와주세요.

윤정 선배와 경민이가 이야기하면서 플로차트를 그렸습니다.

드디어 완성했어요. 이걸로 배틀할 수 있을까요?

괜찮아. 이걸로 프로그램은 되지.

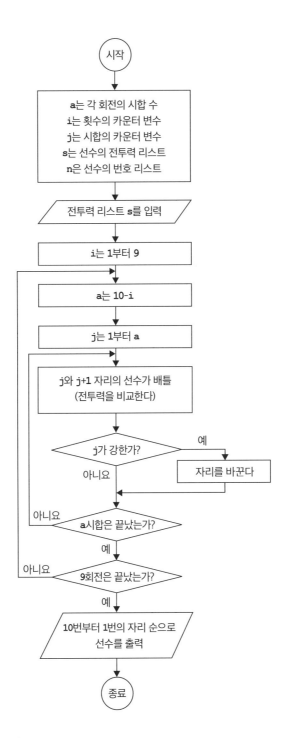

시작

a는 각 회전의 시합 수
i는 횟수의 카운터 변수
j는 시합의 카운터 변수
s는 선수의 전투력 리스트
n은 선수의 번호 리스트

전투력 리스트 s를 입력

i는 1부터 9

a는 10-i

j는 1부터 a

j와 j+1 자리의 선수가 배틀
(전투력을 비교한다)

j가 강한가? — 예 → 자리를 바꾼다

아니요

a시합은 끝났는가?
아니요

예

9회전은 끝났는가?
아니요

예

10번부터 1번의 자리 순으로
선수를 출력

종료

플로차트를 보면서 윤정 선배가 프로그램을 만들었습니다.

 프로그램을 완성했으면 실행. 전투력은 벌써 프로그램 리스트의 요소에 써져 있어서 결과만 나와.

 어떤 선수가 챔피언이 될까요?

```
Python 3.7.0 Shell                                                    —   □   ×
File  Edit  Shell  Debug  Options  Window  Help
Python 3.7.0 (v3.7.0:1bf9cc5093, Jun 27 2018, 04:06:47) [MSC v.1914 32 bit (Intel)] on win32
Type "copyright", "credits" or "license()" for more information.
>>>
======== RESTART: C:\Users\SELA\Downloads\PythonCode\PythonCode\Q9.py ========
1 번 째 강한 선수  선수번호 3    전투력 83
2 번 째 강한 선수  선수번호 6    전투력 31
3 번 째 강한 선수  선수번호 1    전투력 23
4 번 째 강한 선수  선수번호 10   전투력 20
5 번 째 강한 선수  선수번호 8    전투력 19
6 번 째 강한 선수  선수번호 7    전투력 13
7 번 째 강한 선수  선수번호 5    전투력 10
8 번 째 강한 선수  선수번호 9    전투력 9
9 번 째 강한 선수  선수번호 4    전투력 6
10 번 째 강한 선수  선수번호 2    전투력 5
>>> |
                                                                    Ln: 15  Col: 4
```

 역시, 3번의 전투력 83이 가장 강했네요. 다음은 6번의 전투력 31이고, 마지막은 2번의 선수네요. 이건, 어떤 프로그램인가요?

 이거야.

```
#Q9
#n : 자리 순의 선수 번호 리스트
#s : 자리 순의 전투력 리스트
#i : 제○회전의 카운터
#j : 제□시합의 카운터
#a : 시합수와 강함의 순서용
#b : 전투력 교체용
#c : 선수 번호 교체용

#선수 입장
n=list(range(11))  #선수 번호의 리스트(리스트로 변환)
s=[0,23,5,83,6,10,31,13,19,9,20]  #선수의 전투력 리스트

for i in range(1,10) : #○회전 루프(1~9까지)

    a=11-i  #각 회전의 시합 수+1

    for j in range(1,a) :  #□시합의 루프(1~a-1시합)

        if s[j]>s[j+1] :  #배틀 결과, 자리 교체가 있는가?

            b=s[j]  #옆 자리로 전투력의 교체
            s[j]=s[j+1]
            s[j+1]=b

            c=n[j]  #옆 자리로 선수 번호의 교체
            n[j]=n[j+1]
            n[j+1]=c

for i in range(1,11) :  #계산 결과를 출력
    a=11-i  #강함의 순과 자리 번호의 차이를 조절
    print (i, '번째로 강한 선수  선수번호', n[a], '전투력' ,s[a])  #계산 결과를 출력
```

 어떻게 만들어요? 알려주세요!

변수의 설명에는 플로차트에 없는 b와 c가 들어있는데, 수치 교체를 할 때 임시로 수치를 넣어 두기 위한 것입니다. 리스트는 s와 n, 두 개를 사용합니다. 주석에 「선수 입장」이라고 있는데 여기에서 문제 표의 전투력과 선수 번호를 두 개의 리스트에 대입하고 있습니다. 플로차트에서는 키보드로부터 입력하는 것으로 돼 있으나, 여기에서는 사전에 프로그램 내에서 리스트에 입력해 두었습니다.

전투력 리스트 s입니다.

```
s=[0, 23, 5, 83, 6, 10, 31, 13, 19, 9, 20]
```

0번째 선수는 없으므로 처음은 0으로 합니다. 다음은 표의 차례대로 전투력이 나열돼 있습니다. 선수 번호 리스트 n의 준비에는 한 가지 궁리가 있습니다.

```
n=list(range(11))
```

n은 임시 순위의 자리와 선수 번호가 일치하므로 이렇게 돼 있습니다.

```
n=[0, 1, 2, 3, 4, 5, 6, 7, 8, 9, 10]
```

이 프로그램에서는 차례대로 나열한 숫자를 만드는 range의 힘을 빌리고 있습니다. range의 뒤 ( )에 숫자(stop)를 넣으면 0부터 시작되고, stop에서 1 적은 수까지의 숫자가 나열된 데이터를 만드는 것을 떠올리세요. 단지, 이것만으로는 보통의 숫자가 나열된 데이터뿐이므로 리스트는 아닙니다. 리스트가 아니면 요소에 수치를 더하거나 하는 것과 같은 변경을 할 수 없습니다.

그래서 list 함수를 사용합니다. list 함수의 인수에 나열한 숫자의 데이터를 넣으면 리스트로서 사용할 수 있게 변환하는 동작을 합니다(Python3에서는 range 함수가 만드는 숫자를 나열한 데이터는 list는 아니므로 주의합시다).

이상을 n=list(range(11))에 대해서 확인해두면

1. range(11)로 0부터 10까지의 숫자가 나열된 데이터를 만든다.
2. list 함수에 의해 이 데이터를 리스트로 변환한다.
3. 이 리스트를 n이라는 이름으로 한다.

와 같은 처리가 실행되게 됩니다.

또한, 플로차트대로 키보드로부터 전투력을 입력하려면 다음과 같이 변경하세요.

```
for i in range(1, 11) :
    print('선수 번호', 'i', '번')
    s[i] = int(input('전투력 : '))
    print()   #보기 좋게 1행 공백
```

이어서, 카운터 변수 i의 for 루프가 시작됩니다. 제1회전에서 제9회전까지이므로 i의 범위는 range(1, 10)입니다. step이 생략된 경우는 start와 stop을 입력하고, step은 1이 되었습니다. range(1, 10)에서는 start의 1부터 시작되고, stop의 10에서 1 적은 수까지의 숫자 나열이므로, 1, 2, 3, 4, 5, 6, 7, 8, 9가 되며, 이것은 제1회전부터 제9회전이 됩니다. range는 매우 중요한 함수이므로 사용법을 몇 번 복습해둡시다.

경민이가 생각한 것처럼 제1회전의 시합 수 b는 참가하는 선수 10명에서 1 적은 9번 시합입니다. 제2회전은 챔피언을 뺀 9명이 참가하므로 1 적은 8번 시합하는 상태가 됩니다. 그러므로 제i회전의 시합 수는 10-i입니다.

이러한 시합 수가 되도록 카운터 변수 j에 대해서 for 루프를 만듭니다. 처음이 제1시합이므로 j는 1부터 시작되고, 마지막은 제10-i 시합입니다. 그러면 range 뒤의 ( )는 (1, 10-i)일까요?

기억해야 하는 건, range에서는 마지막 값은 stop 값에서 1을 뺀 것이 된다입니다. 10-i에서는 1 부족하게 되므로 1 증가해야 합니다. 10-i+1이므로 11-i가 되며, range(1, 11-i)가 정답입니다. 여기는 Python의 range 함수의 성능상, 플로차트와 조금 다르기 때문에 이 책에서도 가장 어려운 곳이라 생각되므로 힘내세요.

이상으로 시합 수를 나타내는 카운터 변수 j의 루프에서는 a=11-i로서 for j in range(1, a) :입니다. 이 루프에 따라 자리 번호 j와 자리 번호 j+1의 선수가 배틀을 합니다.

숫자 배틀이라 부른 건 실은 if 문의 조건식입니다. 카운터 변수 j의 for 루프에서 자리 번호 j와 옆 자리 번호 j+1의 선수가 싸우는 것은 전투력 수치의 대소를 비교하는 것입니다. 즉, s[j]와 s[j+1]의 대소를 비교합니다.

비교의 결과, s[j]가 s[j+1]보다 클 때, 이것을 조건식으로 하면 s[j] > s[j+1]인데, 이 경우는 전투력이 큰 j 자리의 선수는 j+1 자리에, 전투력이 작은 j+1의 선수는 j의 자리로 이동하도록 바꿔 넣어야 합니다.

이것들은 복잡한 처리 같으나 플로차트대로 처리하므로 확인해봅시다.
자리의 교체 방법은 선수의 전투력 s[j]와 s[j+1], 선수 번호 n[j]와 n[j+1]을 교체하는 것입니다. 변수의 값 교체는 주의하세요. x와 y를 바꿔 넣는 처리를 예로 합니다.

```
x=y
y=x
```

이렇게 될 것 같은데, 처음 처리에서 x 값은 y 값으로 돼 있고 원래 x 값은 없어집니다. 다음 행에서 y=x로 해도 원래 x가 아닌 직전에 x에는 y 값이 들어가 있으므로 y 값이 되돌아올 뿐입니다. 이걸로는 교체할 수 없습니다.
수치를 교체하려면 다음과 같이 합니다.

```
b=x
x=y
y=b
```

이처럼 일시적으로 수치를 넣어두는 제3의 변수(여기서는 b)를 사용하지 않으면 제대로 교체할 수 없습니다. 이 프로그램에서도 변수 b와 c를 사용해 s[j]와 s[j+1], n[j]와 n[j+1] 값을 교체하는 것에 주의하세요.

이중 루프와 if 블록에서 하는 처리인데 Python에서는 인덴트 들여쓰기로 루프나 조건 분기 처리의 범위를 나타냅니다. 이 프로그램은 다소 복잡하므로 그림으로 정리해봤습니다. Python에서는 인덴트 들여쓰기로 루프나 if 블록의 처리 범위를 정하는 것을 다시 제대로 확인해봅시다.

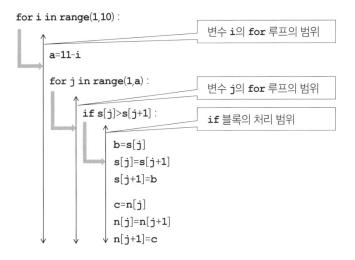

마지막의 결과 출력에도 for 루프를 사용합니다. 앉아 있는 자리 번호의 큰 쪽이 강한 선수이므로 가장 강한 것은 10번 자리에 앉아 있는 선수, 두 번째 강한 것은 9번의 자리에 앉아 있는 선수, …, 열 번째로 강한 것은 1번의 자리에 앉아 있는 선수가 되며, 카운터 변수 i를 그대로 출력하면 반대가 되고 맙니다.

강한 순서와 카운터 변수 i와의 관계는 11−i입니다. 이것을 a로써 print 문 출력에 사용하고 있는 것입니다.

이 프로그램은 이 책에서 가장 어려운 프로그램이라고 생각합니다. 플로차트와 프로그램, 주석, 그리고 이 설명을 몇 번 비교하면서 이해하세요.

이로써 윤정 선배의 설명은 여기까지입니다.

휴식 시간

알겠어?

변수의 수치 교체를 실수할 것 같아요.

처음부터 제대로 할 수 있는 사람은 없어. 실패하면서
그래도 반복 연습하는 사람이 잘하게 되는 거야.

분명히 윤정 선배도 많이 실패했죠? 그리고 사실은
배틀 만화도 좋아하지 않아요?

에헴

윤정 선배가 내는 숙제

 숙제 ①

전투력을 키보드로부터 입력하도록 프로그램을 변경합시다.

해답 프로그램을 설명에 있는 행과 같이 변경하세요.


```
#Q9_1
#n : 자리 순의 선수 번호 리스트
#s : 자리 순의 전투력 리스트
#i : 제○회전의 카운터
#j : 제□시합의 카운터
#a : 시합수와 강함의 순서용
#b : 전투력 교체용
#c : 선수 번호 교체용

#선수 입장
n=list(range(11))   #선수 번호의 리스트(리스트로 변환)
s=11*[0]   #선수의 전투력 리스트

for i in range(1,11) :   #선수의 전투력을 차례로 입력
    print('선수번호', i, '번')   #입력하는 선수의 번호를 출력
    s[i]=int(input('전투력 :'))   #리스트의 요소로 입력
    print( )   #보기 좋게 1행 공백

for i in range(1,10) :   #○회전 루프(1~9까지)

    a=11-i   #각 회전의 시합 수+1

    for j in range(1,a) :   #□시합의 루프(1~a-1시합)

        if s[j]>s[j+1] :   #배틀 결과, 자리 교체가 있는가?
```

```
            b=s[j]   #옆 자리로 전투력의 교체
            s[j]=s[j+1]
            s[j+1]=b

         c=n[j]   #옆 자리로 선수 번호의 교체
         n[j]=n[j+1]
         n[j+1]=c
for i in range(1,11) :   #계산 결과를 출력
    a=11-i   #강함의 순과 자리 번호의 차이를 조절
    print (i, '번째로 강한 선수  선수 번호', n[a], ' 전투력', s[a])   #계산 결과를 출력
```

숙제 2

키보드로부터 전투력을 입력하는 프로그램을 사용해 배틀 결과를 출력시
킵시다.

해답 ▶ 적당한 수치 10개를 전투력으로 하고 실행해봅시다.

10 최대공약수

CHAPTER

 어제는 조금 많이 놀았으니까 중간시험도 다가오고, 오늘은 열심히 초등 수학 문제 프로그램을 만들자.

 조금 더, 게임 같은 프로그램이 좋은데…

 프로그램을 할 수 있게 되면 경민이도 게임 소프트웨어를 만들 수 있게 돼. 뭐 그걸 위해서는 아니지만 프로그래밍을 제대로 공부해보자. 오늘 문제는 이거야.

문제 **10**

423과 611의 최대공약수를 구해봅시다.

 노파심에 묻는데 최대공약수는 알고 있지?

 어떤 숫자를 나눌 수 있는 수를 약수라고 하고, 2개의 숫자의 약수로 공통하고 있는 것이 공약수로 최대공약수란 그중에서도 가장 큰 공약수입니다.

 12와 8이면 어떻게 될까?

 12의 약수는 1, 2, 3, 4, 6, 12로 8은 1, 2, 4, 8이니까 공약수는 1, 2, 4이네요. 이 중에서 가장 큰 4가 최대공약수입니다.

어떤 알고리즘이 될까?

 약수를 찾는 것이 힘들 것 같고, 몇 개 있는지도 모르고, 도무지 짐작이 오지 않아요.

 이럴 때 편리한 것이 「유클리드 호제법」이라는 방법이야.

 유클리드씨는 누구인가요?

 아주 옛날의 훌륭한 수학 선생님이야. 계산은 계산기를 사용해보자.

 계산기로 최대공약수가 나오나요?

 먼저 큰 쪽의 수를 작은 수로 나눈 나머지를 계산해봐.

 큰 쪽은 611이니까 423으로 나누면 611÷423=1.4444…이 돼요. 그러니까 몫은 1이고, 611−423×1을 계산하면 188이니까 나머지는 188이네요.

 나머지가 0이 아니니까 이번은 큰 수를 나눈 423로, 작은 수를 나머지 188로 해서 같도록 나머지를 구해봐.

 423÷188=2.25니까 몫은 2요. 423−188×2를 계산하면 47이니까 나머지는 47이요.

 아직 나머지는 0이 아니네. 마찬가지로 큰 수를 나눈 수의 188로, 작은 수를 나머지 47로 해서 나머지를 계산해봐.

 188÷47=4. 나눠졌어요!

 나머지가 0이 되면 나눈 수의 작은 수가 최대공약수가 돼. 611과 423이 47로 나눠지는지 시험해봐.

611÷47=13이니까 나눠지네. 423÷47=9니까 나눠져요.

 13과 9에는 1 이외의 공약수는 없으니까 47이 최대공약수로 되지. 똑같이 해서 12와 8로 시험해봐.

 12÷8의 몫은 1로 나머지는 4고, 8÷4=2로 나눠지니까 4가 최대공약수예요! 맞네. 유클리드 선생님 대단한 사람이네요.

 이 알고리즘을 2개의 수를 a와 b로 해서 플로차트로 해봐.

 앗, 갑자기 플로차트가 되나요?

 이제 슬슬 이 프로그래밍 특별 훈련 코스도 수료니까 조금만 힘내. 힌트는 a와 b는 어느 것이 큰지 모르는 경우는 어제 게임처럼 해서 큰쪽을 a, 작은 쪽을 b로 해서 나눗셈의 나머지를 구하도록 해봐. 나머지에는 c를 사용하도록 하자. 몫을 d로 하면 c는 어떤 계산식이 될까? 이것은 요전에 공부했지.

 a÷b의 답을 int 함수에 넣으면 소수점에서 아래의 숫자를 지운 정수가 되니까 이것이 d가 돼요. 나눠지는 수 a에서 나누는 수 b와 몫 d를 곱한 수를 빼면 나머지 c가 돼죠. Python은 이것과는 다르게 연산자를 사용하는 방법도 있어요.

 그렇지. 몫과 나머지를 계산하는 연산자를 기억하고 있어?

 몫은 연산자 //로, 나머지는 연산자 %입니다.

 그렇지. 그러니까 c=a%b가 되고, 이것을 사용해 플로차트를 그려봐. 마지막 힌트는 c의 결과, 즉 나머지가 있는지 여부로 조건 분기를 하는 것 같은 플로차트가 되지.

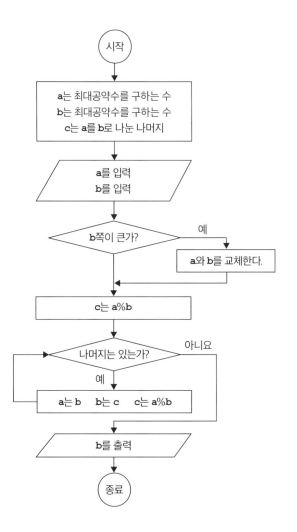

 이렇게 되었어요. 고르게 놓이지 못한 부분이 있는데 이거 맞나요?

 이걸로 맞아. 이 고르지 못한 부분이 루프로 되어 있는 거라는 걸 알아챘어?

 이거, 루프인가요?

같은 처리를 반복하고 있지.

 그래도 몇 번 반복할지 모르잖아요.

 for와 같이 정해진 횟수를 반복하는 루프도 있는데 어떤 조건이 만족
되고 있는 동안은 반복하는 루프라는 것도 있어. 이 경우는 나머지가
있는 동안은 나눗셈 처리를 반복하고 있으니까 루프가 되지.

 모르는 동안에 루프를 만들었네요. 그런데 프로그램은 있어요?

 벌써 만든 거 있으니까 실행해보자.

 조금 심술궂게 작은 423부터 입력해볼게요. 다음 큰 611을 입력할게요.

 다음에 답이 나와요.

 계산기로 나온 답과 같은 47이에요. 맞네요. 어떤 프로그램인가요?

 이거야.

```
#Q10
#변수의 설명
#a : 최대공약수를 구하는 수
#b : 또 다른 수
#c : a를 b로 나눈 나머지
#x : 교체에 필요한 변수

a=int(input('최대공약수를 구하는 수 : '))   #a는 최대공약수를 구하는 수로서 입력
b=int(input('또 다른 수 : '))   #b는 또 다른 수로서 입력

if a<b :  #a가 b보다 작을 때는 a와 b를 교체
    x=a   #변수 c를 사용해 교체
    a=b
    b=x

#2개의 수를 출력
print( )
print(a, '와(과)', b, '의')

c=a % b   #나머지를 계산

while c!=0 :   #나눠지지 않을 때는 처리를 반복
    a=b   #큰 수를 b로 지정
    b=c   #작은 수를 c로 지정
    c= a%b   #새로 나머지 c를 계산

print ('최대공약수는 ', b)   #계산 결과를 출력
```

 프로그램 안에는 %도 있네요. 이거 어떻게 만들어요? 알려주세요!

이 프로그램에서는 어떤 조건을 만족하고 있는 동안은 처리를 반복하는 루프의 작성법을 공부합니다. 기타 처리 방법은 이제까지 모두 설명했습니다. a와 b의 대소를 비교해서 a쪽이 작은 경우에 a와 b를 바꿔 넣는 if 블록에서의 처리 방법 등도 복습합시다.

조건에 의한 루프는 while에 의해 만듭니다. 영어의 while은 「기간」이라는 의미인데 어떤 조건을 만족하고 있는 동안은 while 문의 아래에 있는 인덴트가 들어가 있는 행에 쓰여 있는 처리(while 블록)를 반복합니다. 이것을 while 루프라고 합니다. 여기서도 인덴트 들여쓰기를 하고 있으므로 Python에서는 중요한 의미가 되는 걸 이해합니다.

루프를 빠져나오는 조건식은 while 문 부분에서 판정하고 있습니다. while 문에 쓰여 있는 조건식을 만족하지 않으면 루프를 빠져나오고, while 블록 다음의 행부터 처리합니다. 이곳의 조건식은 「$c \mathrel{!=} 0$(기억하고 있나요? 「c와 0은 같지 않다」는 의미입니다. 문제 2의 설명을 다시 봐둡시다)」입니다. 즉, 나머지가 있는 경우는 루프를 반복한다는 것입니다. 조건을 만족하지 않는 것은 나눠진 경우, 즉 나머지 c가 0이 된 경우이므로 나머지 수 b가 최대공약수라고 알 수 있습니다.

프로그램에서는 처음에 입력한 a와 b 나눗셈의 나머지 c를 계산하고 나서 while 문으로 오는데, 여기서 c가 0이 돼 있고, 즉 a가 b로 나눠져 있어서 처음부터 b가 최대공약수로 돼 있으면 「$c \mathrel{!=} 0$」이라는 조건을 만족하지 않기 때문에 그대로 while 문에서 분기해서 while 루프에는 들어가지 않고, while 블록 아래에 있는 최대공약수를 출력하는 행으로 처리가 이동합니다.

복잡하므로 이해하기 힘들 때는 플로차트를 보면서 다시 한번 읽어보세요. 이로써 윤정 선배의 설명은 여기까지입니다.

휴식 시간

 알겠니?

 컴퓨터가 최대공약수를 구하는 것은 굉장하다고
생각했는데 그래서 뭐?라는 생각도 드는데. . .

 조금은 감동받길 바랐는데~

 아니에요. 진짜 감동했어요!

 고마워. 내일은 드디어 특별 훈련의 성과를
시험하는 수료 시험이야.

 선배. 뭐라고요?

 수료 시험에 대비해서 숙제를 내줄테니
해두도록.

윤정 선배가 내는 숙제

 숙제 ①

문제 1부터 문제 10까지의 플로차트와 프로그램을 설명이나 숙제도 포함
해 복습해봅시다.

특별 훈련 코스의 수료 시험

 오늘은 Python 프로그램 특별 훈련 코스의 수료 시험이야.

시험 문제

분류의 덧셈을 하는 프로그램을 만듭니다. 계산 결과는 가분수는 대분수로 고치고, 분수 부분은 약분해서 출력하세요.

 히, 힌트 주세요!

 이제까지 알려준 거로 반드시 알고리즘이나 플로차트는 그릴 수 있으니까 힘내. 문제 10까지 만든 플로차트와 프로그램을 봐도 좋아. 그거랑 지금까지의 문제에서 어떻게 알고리즘을 생각했는지 떠올려봐. 그거랑 변수는 자꾸자꾸 사용해봐. 시험 시작!

경민이의 생각

알고리즘을 생각했을 때는 항상 구체적인 수학이 들어간 예제를 선배가 내주었다. 분류 덧셈 예제를 사용해서 생각해보자.

$$\frac{5}{6} + \frac{3}{8}$$

이 예제면 먼저 통분을 한다. 6×8=48로 통분하자.

$$\frac{5\times8}{6\times8}+\frac{3\times6}{8\times6}$$

이걸로 분모는 같아졌으니 분자를 덧셈할 수 있다.

$$\frac{5\times8+3\times6}{48}$$

분자 계산은 사과와 귤 가격에서 나온 식과 비슷하네.

$$\frac{58}{48}$$

이것은 분자가 분모보다 큰 가분수니까 대분수로 해야 한다. 58 안에 48은 하나 있다. 그러니까 대분수의 분자는 58−48=10이 된다. 이 「하나」를 어떻게 계산했나? 분자의 안에 분모가 몇 번 있는가하는 거니까 나눗셈이다. 58÷48=1...이니까 1로 했다. 분자는 이 나눗셈의 나머지다. 나눗셈의 몫과 나머지를 구하는 알고리즘을 사용할 수 있을 것 같네.

$$1\frac{10}{48}$$

마지막은 분수를 약분한다. 이 예제면 10과 48을 2로 나눠 약분하면 5와 24로 더 이상은 나눌 수 있는 숫자가 없다. 이 2는 뭐지? 분모와 분자 양쪽을 더 이상 나눌 수 없는 숫자라니...어제 공부한 최대공약수다. 그래서 어제는 최대공약수의 문제로 했구나. 분모와 분자를 최대공약수로 나누면 약분할 수 있는 거다.

답은 이렇게 된다.

$$1\frac{5}{24}$$

알게 된 것은 덧셈한 분자의 계산에는 사과와 귤 가격의 계산을 사용한다. 가분수에서 대분수로 하려면 분모와 분자 나눗셈의 몫과 나머지 계산을 사용한다. 약분하는 것은 분모와 분자의 최대공약수를 사용하는 것이다.

예제로 대략적인 계산 순서는 알았으니까 이번은 변수를 정해야 한다. 덧셈하는 2개의 분수를 만드는 데에 필요한 변수를 생각하자.

$$\frac{5}{6}+\frac{3}{8} \quad \Rightarrow \quad \frac{b}{a}+\frac{d}{c}$$

선배면 이렇게 생각하지 않았을까? a, b, c, d를 키보드에서 입력하면 2개의 분수가 된다.

통분해서 덧셈한 답의 분수에는 분모와 분자로 변수가 2개 필요하다.

$$\frac{58}{48} \quad \Rightarrow \quad \frac{f}{e}$$

e는 a×c, f는 b×c와 d×a를 더한 것이 된다. 가분수에서 대분수로 하려면 f를 e로 나눈 몫과 나머지가 필요하다. 몫을 g, 나머지를 h로 하면 대분수의 정수가 g, 분자가 h가 된다.

그러면 몫의 계산은 g=int(f/e)가 g=f//e가 된다. 나머지 계산은 h=f−g*e나 h=f%e 중 하나다. 마지막으로 답에 필요한 변수를 생각하면 이렇게 된다.

$$1\frac{5}{24} \quad \Rightarrow \quad z\frac{y}{x}$$

z는 f÷e의 몫이므로 z=g네. 분자의 h와 분모의 e를 최대공약수로 나누면 x와 y가 된다. 어제 플로차트를 사용할 수 있네. 여기서는 변수 a, b, c는 사용하지 않았으니 a를 e로, b를 h로 해서 그대로 플로차트로 사용하자. h와 e의 분수는 진분수로 돼 있으니 대소는 이걸로 맞네. 나온 b가 최대공약수가 되니까 x에는 e/b를, y에는 h/b를 대입하면 된다.

이걸로 x, y, z가 답이 된다. 알고리즘은 이걸로 되었네.
이 알고리즘을 플로차트로 하자.

경민이가 플로차트를 그리기 시작했습니다.

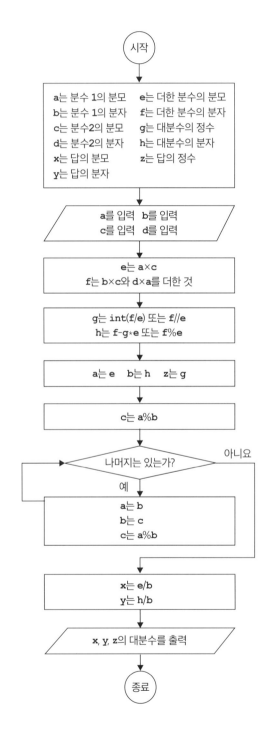

시작

a는 분수 1의 분모   e는 더한 분수의 분모
b는 분수 1의 분자   f는 더한 분수의 분자
c는 분수2의 분모   g는 대분수의 정수
d는 분수2의 분자   h는 대분수의 분자
x는 답의 분모   z는 답의 정수
y는 답의 분자

a를 입력 b를 입력
c를 입력 d를 입력

e는 a×c
f는 b×c와 d×a를 더한 것

g는 int(f/e) 또는 f//e
h는 f-g*e 또는 f%e

a는 e   b는 h   z는 g

c는 a%b

나머지는 있는가?   아니요

예

a는 b
b는 c
c는 a%b

x는 e/b
y는 h/b

x, y, z의 대분수를 출력

종료

플로차트 완성했습니다. 선배도 같이 프로그램을 만들어 주세요!

윤정 선배가 도와서 경민이가 Python 프로그램을 만들었습니다.

```python
#Q11 졸업 시험
#변수의 설명
#a : 분수1의 분모
#b : 분수1의 분자
#c : 분수2의 분모
#d : 분수2의 분자
#e : 더한 분수의 분모
#f : 더한 분수의 분자
#g : 대분수의 정수
#h : 대분수의 분자
#x : 답의 대분수의 분모
#y : 답의 대분수의 분자
#z : 답의 대분수의 정수

a=int(input('분모1의 분모 : ')) #a를 입력
b=int(input('분모1의 분자 : ')) #b를 입력
c=int(input('분모2의 분모 : ')) #c를 입력
d=int(input('분모2의 분자 : ')) #d를 입력

#입력한 2개의 수를 출력해 둠
print()
print(b, '/', a, '+', d, '/', c)
print( )

e=a*c   #통분해서 더한 분수의 분모
f=b*c+d*a   #통분해서 더한 분수의 분자

g=int(f/e)   #대분수의 정수를 계산
h=f-e*g   #대분수의 분자를 계산

#약분을 위해 분모(e)와 분자(h)의 최대공약수를 계산
#Q10의 프로그램을 그대로 사용
#진분수로 돼 있으므로 분모는 분자보다 큼
a=e   #분모를 a로 변경
```

```
b=h   #분자를 b로 변경
z=g   #대분수의 정수를 답의 대분수의 정수로 변경

c=a % b   #나머지를 계산

while c!=0 :   #나눠지지 않을 때는 처리를 반복
        a=b   #큰 수를 b로 지정
        b=c   #작은 수를 c로 지정
        c= a % b   #새로 나머지 c를 계산

#약분한다.
x=int(e/b)   #분모를 최대공약수로 나눔
y=int(h/b)   #분자를 최대공약수로 나눔

if z==0 :   #대분수의 정수가 0일 때는 출력하지 않음
        print('답은 ', y, '/', x)

else :   #대분수의 정수가 0이 아닐 때는 출력
        print('답은 ', z, '과(와)/', y, '/', x)
```

 완성되었어요. 빨리 실행해봐요. 예제의 문제를 사용해 시험해볼게요.

$$\frac{5}{6} + \frac{3}{8}$$

 차례로 분수의 분모와 분자를 입력할게요.

```
*Python 3.7.0 Shell*                                                    —  □  ×
File Edit Shell Debug Options Window Help
Python 3.7.0 (v3.7.0:1bf9cc5093, Jun 27 2018, 04:06:47) [MSC v.1914 32 bit (Intel)] on win32
Type "copyright", "credits" or "license()" for more information.
>>>
======= RESTART: C:\Users\SELA\Downloads\PythonCode\PythonCode\Q11.py =======
분모 1 의 분모 :  6
분모 1 의 분자 :  5
분모 2 의 분모 :  8
분모 2 의 분자 :  3
                                                                       Ln: 8 Col: 10
```

 답은 뭘까?

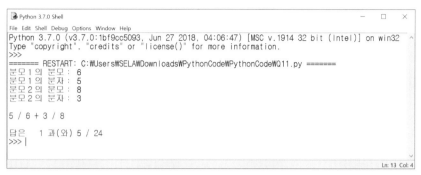

```
Python 3.7.0 Shell                                                              —   □   ×
File Edit Shell Debug Options Window Help
Python 3.7.0 (v3.7.0:1bf9cc5093, Jun 27 2018, 04:06:47) [MSC v.1914 32 bit (Intel)] on win32
Type "copyright", "credits" or "license()" for more information.
>>>
======= RESTART: C:\Users\SELA\Downloads\PythonCode\PythonCode\Q11.py =======
분모 1 의 분모 : 6
분모 1 의 분자 : 5
분모 2 의 분모 : 8
분모 2 의 분자 : 3

5 / 6 + 3 / 8

답은   1 과(와) 5 / 24
>>> |
                                                                              Ln: 13 Col: 4
```

 해냈다! 정답이다.

 잘했어. 합격!

 ## 윤정 선배가 알려주는 프로그램의 설명

경민의 플로차트와 같아 설명은 거의 덧붙이지 않습니다. 답의 출력 부분에서 대분수의 정수가 0인 경우는 진분수로서 출력하도록 조건 분기 하도록 궁리할 뿐입니다. 물론 그대로 「0과(와)」로 해도 좋은데 보기 좋게 했습니다.

경민이에게 조언한 것처럼 변수를 자꾸자꾸 사용해 나가 얼핏 쓸데없이 많은 것처럼 보이는데 묘하게도 변수를 돌려쓰는 것보다도 처음은 각각의 변수의 역할을 딱 정해 두는 것이 학습하기 쉬울 거라 생각합니다.

윤정 선배가 내는 숙제

 숙제 1

적당한 분수를 입력해서 프로그램을 시험해봅시다.

해답 여러 가지 분수를 입력해서 손으로 계산한 결과와 비교해봅시다.

 숙제 2

초등 수학의 문제를 푸는 프로그램을 만듭시다.

해답 수학 문제는 아직 많이 있습니다. 자꾸자꾸 Python을 사용해서 프로그래밍해보세요.

에필로그

연극부 교실에 경민이 뛰어 들어왔습니다.

선배! 고마웠습니다. 중간시험 합격했어요. 이로써 정보 처리 강좌 수업을 계속 들을 수 있어요.

잘 되었다. 축하해.

그래도 교수님이 「얼굴도 본 적 없는 학생인데...」라고 짓궂게 말했습니다. 위험했어요.

그건 그렇겠지. 세미나 교수님께 「후배에게는 제가 Python 특별 훈련을 할테니 이번만은 양해 부탁드립니다」라고 머리를 몇 번이나 숙여서 부탁했으니까.

그랬어요?

어쨌든 교수님도 「노력의 흔적은 인정했어」라고 하셨으니까 이제부터는 강의에는 제대로 출석해서 제대로 공부해. 나도 시험이 코앞인데...

알겠습니다. 이번은 중학생이 되어 다시 해볼테니 조금 더 Python 알려주세요!

아이고, 맙소사.

발전 학습

경민이와 거북이

 윤정 선배가 거북이를 주었어요. Python 프로그램으로 자유롭게 움직일 수 있는 귀여운 거북이에요.

 Python 함수를 사용해 이 거북이의 동작을 컨트롤할 수 있어요. 걷고 난 후에, 발자국이 남도록 하면 그림을 그릴 수 있고, Python 프로그램에서 다른 함수나 반복, 조건 분기 등을 사용해 거북이를 컨트롤해서 여러 가지 그림을 그릴 수 있을 것 같아요.

거북이를 움직이는 주요 함수	
전진	forward(걸음 수)
후진	back(걸음 수)
오른쪽을 향한다.	right(각도)
왼쪽을 향한다.	left(각도)
발자국을 남긴다.	pendown( )
발자국을 남기지 않는다.	penup( )
화면 클리어	clear( )

예를 들어, 이런 프로그램을 실행하면

```
tur_01.py - C:\Users\SELA\Downloads\PythonCode\PythonCode\tur_01.py (3.7.0)          —    □    ×
File  Edit  Format  Run  Options  Window  Help
from turtle import *

shape('turtle')

n=360/5
for i in range(5):
        forward(100)
        left(n)

                                                                            Ln: 10 Col: 0
```

 오각형을 그려 주면 화면에 거북이가 있어요.

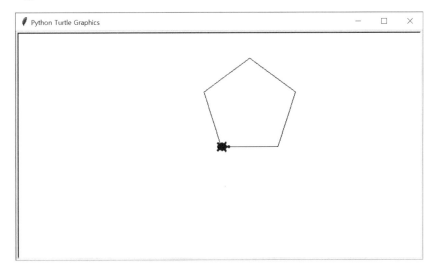

 조금 비슷한데 이러한 프로그램을 실행하면

```
tur_02.py - C:\Users\SELA\Downloads\PythonCode\PythonCode\tur_02.py (3.7.0)          —    □    ×
File  Edit  Format  Run  Options  Window  Help
from turtle import *

shape('turtle')

n=180/5
for i in range(5):
        forward(200)
        left(180-n)

                                                                            Ln: 10 Col: 0
```

 거북이는 별을 그리네요. 어떻게 이렇게 되는지 숙제라고?

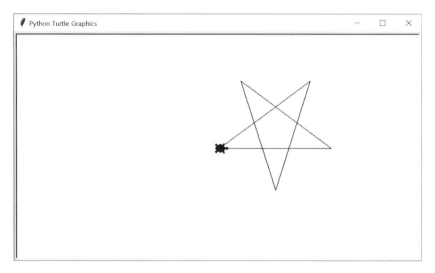

 윤정 선배가 거북이를 그리려면 「좌표」에 대해서 다시 복습해야 한다고 말했으니 조금 더 공부해서 빨리 자유롭게 거북이에게 그림을 그리게 하고 싶네요.

경민이의 Python 비법서

초등학생의 수학부터 다시 해서 선배에게 Python 프로그래밍을 배웠는데 도저히 기억할 수 없습니다. 그래서 몽땅 Python 사용법을 비법서로 해봤습니다. 프로그래밍하다가 곤란할 때는 이걸로 찾아봅시다.

1 주석을 적는다.

Python 프로그램에서는 # 뒤에 처리 내용이나 주의할 것(주석)을 자유롭게 적을 수 있습니다.

2 계산을 한다.

Python을 사용하면 계산기와 비슷하게 계산을 할 수 있습니다. 덧셈이나 뺄셈은 +나 −를 그대로 사용할 수 있는데 곱셈에는 *, 나눗셈에는 /를 사용하는 것에 주의합시다. 계산한 결과는 =을 사용해 변수(계산기의 메모리 비슷한 것)에 대입해둡니다.

- **a**와 **b**를 더해 **c**로 한다.　: **c=a+b**
- **a**에서 **b**를 빼서 **c**로 한다. : **c=a-b**
- **a**와 **b**를 곱해서 **c**로 한다. : **c=a*b**
- **a**와 **b**를 나눠서 **c**로 한다. : **c=a/b**

( )를 사용하거나, 덧셈, 뺄셈, 곱셈, 나눗셈이 섞여 있는 길이가 긴 식도 계산할 수 있습니다. Python은 학교에서 배운 계산의 약속대로 계산해주며, 숫자와 마찬가지로 변수도 사용할 수 있습니다.

Python에는 편리한 연산자가 있습니다.

- **a**를 **a+b**로 한다.   : **a+=b**
- **a**를 **b**로 나눈 몫을 **c**로 한다.   : **c=a//b**
- **a**를 **b**로 나눈 나머지를 **c**로 한다. : **c=a%b**

3 입력과 출력

플로차트에서는 입력하거나 출력하는 처리는 평행사변형 안에 적습니다.

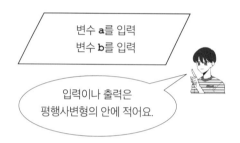

입력에는 input 문을 사용합니다. input 문에 입력한 문자를 정수로 할 때는 int 함수, 소수점 있는 수(부동소수점의 수)로 할 때는 float 함수를 사용해 변환합니다. 입력할 때 표시되는 메시지는 「" "」나 「' '」로 감싼 내용으로 이때는 특별하게 한국어도 사용할 수 있습니다.

- 변수 **a**에 정수를 입력한다.   : **a=int(input**('메시지'))
- 변수 **b**에 부동소수점의 수를 입력한다. : **b=float(input**('메시지'))

출력에는 print 문을 사용합니다. print 뒤의 ( ) 안에 출력시키고 싶은 것을 적습니다. 출력할 수 있는 것은 메시지, 변수 값도 된다. 출력시키고 싶은 차례로 「,」로 구분해 적습니다.

예 : 변수**a** 값에 「번호」와 메시지를 계속해서 출력한다 : **print(a,** '번호')

4 함수를 사용한다.

변수의 이름 ( )으로서 ( ) 안에 변수나 수치, 식을 적으면 그 값으로 함수 계산을 한다. ( ) 안에 넣는 값 등을 인수라고 합니다.

● 정수형의 수로 하는 함수(소수점부터 아래가 없어진다) : **int**( )
  인수를 소수점부터 아래를 없애서 정수로 한다.

● 부동소수점형의 수로 하는 함수 : **float**( )
  인수가 소수점 있는 숫자가 된다.

● 제곱근을 계산하는 함수 : **math.sqrt**( )
  인수에 계산기의 $\sqrt{}$ 와 같은 계산을 한다. 사용하기 전에는 사전에
  import math라는 준비가 필요하다.

● 난수를 만드는 함수 : **random.random**( )
  인수에는 아무 것도 넣지 않고 0부터 **0.99999**... 사이의 난수를 만든다.
  사용하기 전에는 사전에 **import random** 준비가 필요하다.

● 정수의 난수를 만드는 함수 : **random.randint(x, y)**
  x와 **y** 사이의 정수의 난수를 만든다. 사용하기 전에는 사전에
  import random이라는 준비가 필요하다.

● 반올림하는 함수 : **round(x, y)**
  x의 소수점에서 **y**번째 자리의 하나 아래 자리의 숫자를 반올림한다.

● 숫자의 나열을 만드는 함수 : **range**( )
  숫자의 나열을 만든다. 자세한 사용법은 155페이지에 설명하고 있는 대로

● 리스트를 만드는 함수 : **list**( )
  ( ) 안의 숫자 나열을 리스트로 한다.

5 조건 분기

플로차트에서는 마름모 안에 판단의 기본이 되는 조건을 적습니다. 조건을 만족할 때는 「예」라고 적혀 있는 화살표의 앞에 있는 처리1을 합니다. 조건을 만족하지 않을 때는 「아니요」라고 적혀 있는 화살표의 앞에 있는 처리2를 합니다.

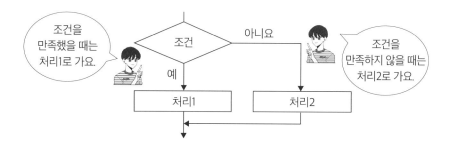

이 조건 분기를 Python 프로그램으로 할 때는 if 문과 else 문을 사용합니다. 조건식을 만족하는 「예」일 때는 if 문의 다음 행부터의 처리1을 합니다. 「아니요」일 때는 else 문의 다음 행부터의 처리2를 합니다. 「아니요」일 때 아무것도 처리를 하지 않을 때는 else 문은 필요 없습니다.

처리하는 행은 몇 행 있어도 되지만 어느 행까지를 처리할지는 행의 맨 앞에 있는 공백으로 내려가 있는(인덴트 들여쓰기) 범위가 됩니다.

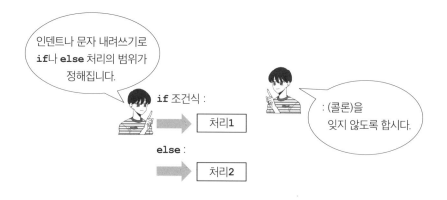

조건을 식으로 나타낸 것을 조건식이라고 합니다. 조건식 작성법을 정리하면 이렇습니다.

- a와 b가 같다　　: a==b
- a와 b는 다르다 : a!=b
- a는 b 이상　　　: a>=b
- a는 b보다 크다 : a>b
- a는 b 이하　　　: a<= b
- a는 b 미만　　　: a<b

and와 or을 사용해 조건식을 조합할 수도 있습니다.

- 조건식1 and 조건식2 : 2개의 조건식을 동시에 만족하는 경우
- 조건식1 or 조건식2　 : 2개의 조건식 중 하나를 만족하는 경우(양쪽이라도 된다)

6 반복하는 횟수를 정하고 루프를 만든다.

처리를 반복하는 것을 루프라고 합니다. 정해진 횟수를 반복하는 루프의 플로차트입니다.

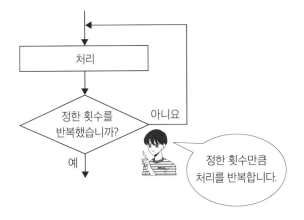

Python에서는 이러한 루프는 for 문으로 만듭니다. 카운터 변수는 루프 안에서 참조할 수 있으므로 몇 번째 처리인지 알 수 있습니다.

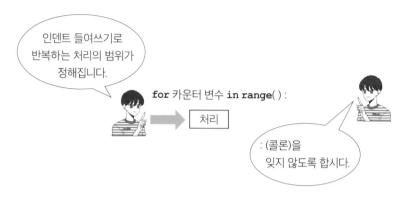

인덴트 들여쓰기로 반복하는 처리의 범위가 정해집니다.

for 카운터 변수 **in range( )** :

처리

: (콜론)을 잊지 않도록 합시다.

숫자의 나열을 만드는 함수 range( ) 사용법입니다. '마지막 수가 지정한 수보다 1 적어진다'에 주의합시다.

- **range(n)** : 카운터 변수는 0에서 n-1까지의 값이다. 반복하는 횟수는 n회다.
- **range(a, b)** : 카운터 변수는 a부터 시작되고 b-1까지의 값이다.
- **range(a, b, c)** : 카운터 변수는 a부터 시작되고 c씩 증가해 b-1까지의 값이다.

7 조건을 정해서 루프를 만든다.

어떤 조건을 만족하고 있는 동안, 처리를 반복하는 루프입니다.

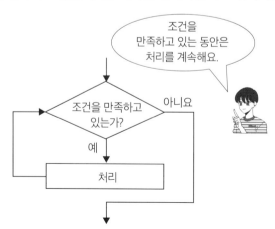

조건을 만족하고 있는 동안은 처리를 계속해요.

조건을 만족하고 있는가?

아니요

예

처리

Python에서는 이처럼 루프는 while 문으로 만듭니다. 조건식의 작성법은 if 문과 같습니다.

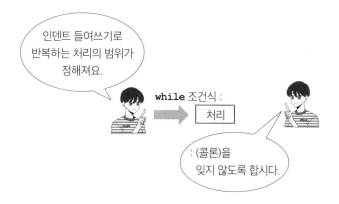

8 리스트를 사용한다.

수치(요소)가 차례대로 나열돼 있는 것을 리스트라고 합니다. 리스트의 요소는 나열돼 있는 것뿐만 아니라 하나하나 바꿔 적을 수 있는 것이 특징입니다. 교실의 사물함을 떠올려봅시다.

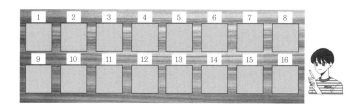

리스트에는 변수와 마찬가지로 이름을 붙이고, [ ](괄호)로 감싸고 「,(콤마)」로 구분해 요소를 나열해 적습니다. 맨 앞의 요소 번호가 0으로 이 번호는 오른쪽을 향해서 1씩 증가합니다.

리스트명[번호]으로서 변수처럼 사용할 수 있으므로 값을 대입해서 바꿔 적을 수도 있습니다.

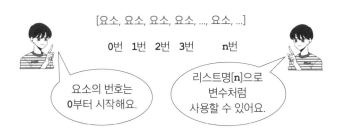

[요소, 요소, 요소, 요소, ..., 요소, ...]

0번 1번 2번 3번   n번

요소의 번호는
0부터 시작해요.

리스트명[n]으로
변수처럼
사용할 수 있어요.

리스트는 덧셈과 곱셈을 할 수 있습니다.

● 리스트의 덧셈 : [1, 2]+[3, 4]=[1, 2, 3, 4]
● 리스트의 곱셈 : 3*[5]=[5, 5, 5]

range 함수와 list 함수를 사용하면 나열한 숫자의 리스트를 간단하게 만들 수 있습니다. 마지막 요소는 지정한 수보다 1 작게 되는 걸 잊지 않도록 합시다.

● `list(range(n))`   : [0, 1, 2, 3, ..., n-1]
● `list(range(1, 5))`   : [1, 2, 3, 4]
● `list(range(1, 8, 2))` : [1, 3, 5, 7]

Python에는 좀 더 많은 기능이 있다고 선배가 말했습니다. 이 비법서도, 이제부터 강의에는 제대로 출석해서 조금 더 이 노트에 써넣어야겠습니다.

Python의 기본적인 사용법

부록

⚙ Python을 설치한다.

Python에 대해서는 프로그램을 작성과 실행을 무료로 할 수 있습니다.
Python을 이용하기 위해서는 미리 컴퓨터에 Python 소프트웨어를 설치해야 합니다. 설치 방법에 대해서 인터넷상의 많은 페이지에 설명돼 있으므로, Google 등의 검색 엔진에서 「python 설치」를 키워드로 검색해 참조하세요.

Python에는 크게 Python 2와 Python 3이 있으며, 버전도 적절하게 갱신돼 있습니다. 또한, 컴퓨터 OS별로 종류가 있습니다. 이 책에서는 Python 3의 Windows 10용의 최신 버전 Python 3.7.0(집필 시점의 최신판)을 이용하고 있습니다. Python 2와 Python 3은 호환성이 없는 부분이 있으므로 반드시 Python 3을 사용하세요. 이 책의 프로그램을 사용하는 경우는 내려받는 페이지에서 사용하는 컴퓨터의 OS를 확인하고, Python 3의 최신판을 선택하는 걸 추천합니다.

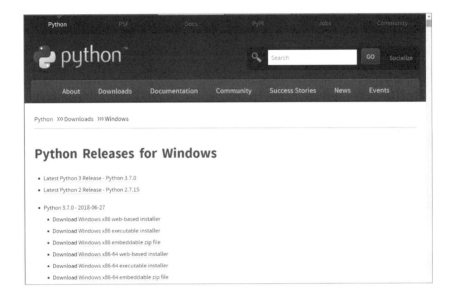

⚙ IDLE을 사용한다.

컴퓨터상에서 Python 프로그램을 만들거나, 실행시키기 위한 방법은 몇 가지 있는데 이 책에서는 IDLE을 사용합니다. 이것은 Python의 통합 개발환경으로 Windows, Linux/Unix, macOS와 같은 여러 가지 OS에 대응하고, 물론 학습용으로도 사용할 수 있습니다. Python에 표준으로 부속돼 있으므로 Python을 설치한 컴퓨터에서 사용하도록 돼 있습니다.

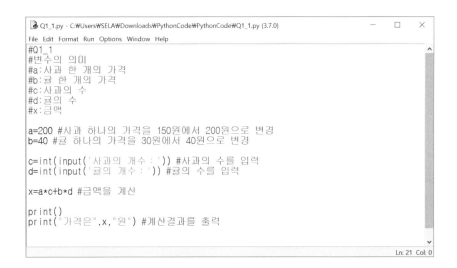

```
Q1_1.py - C:\Users\SELA\Downloads\PythonCode\PythonCode\Q1_1.py (3.7.0)       —    □    ×
File  Edit  Format  Run  Options  Window  Help
#Q1_1
#변수의 의미
#a:사과 한 개의 가격
#b:귤 한 개의 가격
#c:사과의 수
#d:귤의 수
#x:금액

a=200 #사과 하나의 가격을 150원에서 200원으로 변경
b=40 #귤 하나의 가격을 30원에서 40원으로 변경

c=int(input('사과의 개수 : ')) #사과의 수를 입력
d=int(input('귤의 개수 : ')) #귤의 수를 입력

x=a*c+b*d #금액을 계산

print()
print("가격은",x,"원") #계산결과를 출력
                                                                        Ln: 21  Col: 0
```

IDLE은 멀티 윈도형의 텍스트 에디터로, Python에 대응한 하이라이트, 자동 보완, 자동 인덴트 등에 의해 소스 코드(프로그램)의 입력을 지원함과 동시에 프로그램의 실행이나 파일로의 저장, 저장한 파일을 오픈하는 등의 기능도 있습니다.

IDLE의 사용법에 대해서 설명한 페이지가 인터넷상에 여러 개 있으므로 「Python IDLE」로 검색해서 참조하세요.

이러한 페이지에는 IDLE의 여러 가지 기능에 대해서 자세히 설명도 싣고 있는데 현재로서는 프로그램의 입력이나 수정 방법, 실행, 파일로 저장이나 여는 법을 알면 충분합니다.

✿ 온라인에서 paiza.IO를 사용한다.

온라인에서 여러 가지 프로그래밍 언어를 사용할 수 있는 paiza.IO 환경을 사용한 Python을 사용할 수 있습니다. 설치하기 전에 Python 3을 「체험」해보는 것도 좋겠죠? 사용법은 다음과 같습니다.

(1) paiza.IO 입력 화면의 페이지를 엽니다. URL은 「https://paiza.io/en/projects/new」입니다.
(2) 프로그래밍 언어를 선택합니다. 「PHP」라고 있는 버튼에 마우스 오버해서 표시되는 언어에서 「Python3」을 선택합니다.

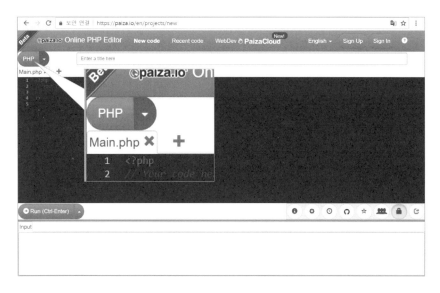

(3) 언어가 「Python3」으로 돼 있는 것을 확인합니다.

(4) Python 프로그램을 입력 화면에 입력합니다.

```
1   # coding: utf-8
2   #01
3   #사과 과 귤의
4   #과 개수 를 물어 가격을
5   #b:귤 한 개의 가격
6   #c:사과의 수
7   #d:귤의 수
8   #x:금액

10  a=150 # 사과 한 개의 가격을 150원으로 설정
11  b=30 # 귤 한 개의 가격을 30원으로 설정
12
13  c=int(input('사과의 개수  ')) # 사과의 개수 입력
14  d=int(input('귤의 개수  ')) # 귤의 개수를 입력
15
16  x=a*c+b*d # 금액을 계산
17
18  print()
19  print("가격은",x,"원") # 계산 결과를 출력
20
21
```

(5) input 문으로 입력할 수치가 있으면 사전에 「Input」탭을 클릭하고, 「Input」탭 내에 전부 적어 넣어 둡니다. 프로그램을 실행 중에는 입력할 수 없습니다. 수치가 부족하면 오류가 발생합니다.

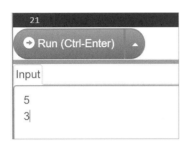

(6) 「Run」버튼을 클릭하면 프로그램을 실행합니다. 다시 수치를 바꿔 실행하려면 「Input」탭 내의 수치를 변경하고 나서 「Run」버튼을 누릅니다.

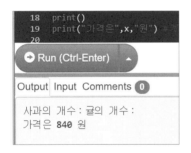

끝으로

초등학교에서 프로그래밍 의무화되는 이 시점에 국내 여러 관계자나 기관 등에서 준비가 진행되고 있습니다. 이때, 한 가지 문제점은 어느 정도의 수준에서 코딩을 하기 위해서는 변수나 문자식, 함수의 이용 등 수학적 내용의 이해를 빼놓을 수 없지만, 초등학생이 배우는 수학에서는 학습 내용에 포함돼 있지 않아 초등 수학과의 거리감을 어떤 방법으로 극복할 수 있는지가 초등 프로그래밍 교육의 큰 과제라 생각합니다.

또한, 초등 교육에서의 프로그래밍 목적은 「문제 해결을 위한 차례를 정리하며, 다른 사람에게 정확하게 전달하는 능력을 기른다」는 것이라 생각하는데 대부분 단순한 특정 언어의 코딩 기술의 습득만을 요구하는 위험이 있습니다. 이것을 피하려면 학습자와 함께 생각하면서 구체적인 문제를 해결하는 연습형의 텍스트도 필요하다고 생각하여 이 책을 썼습니다. 이 책에서는 프로그래밍 언어 중 최근 가장 인기가 많은 Python을 사용합니다. 이 책을 다 배운 후 Python의 루프나 조건 분기 등을 활용하여 「거북이」와 놀며 Python 프로그래밍을 더욱 즐겨주길 바랍니다.

그런데 이 책에서 예제로 하는 문제를 고르기 위해서 다시 한번 초등 수학 공부를 해보았는데 한 걸음 물러선 입장에서 보면 초등 수학의 깊이를 느낄 수 있었고, 한정된 수단을 최대한 조합해서 정답에 이루는 길을 찾는 재미가 있습니다. 또한, 수학에 대해 문턱이 높다고 느끼면서도 프로그래밍을 습득하고 싶다는 분에게 있어 초등 수학 수준의 문제 해결 도구로서 Python 프로그래밍을 자리매김함으로써, 이 책이 프로그래밍의 기본이나 이념을 이해하는 데 도움이 되면 좋겠습니다. 마지막으로 이 책의 출판에 있어 이해와 힘을 써 주신 옴사의 서적 편집국 여러분께 이 자리를 빌려 감사드립니다.

마치 한 편의 만화를 보는 가벼운 기분으로 파이썬을 접하고 싶다면 이 책을 꼭 한 번 읽길 권합니다. 프로그래밍 언어를 배우는 건 어렵고, 힘들 거라는 생각을 하는 분들이라면 이 책으로 한 발 내딛기를 바랍니다.

파이썬이라는 언어가 가진 장점을 잘 발휘한 책이 아닐까 생각합니다. 초보자가 접하고, 이해하기에 이보다 더 좋은 언어가 있을까요?

역자가 처음 파이썬을 접했을 때 앞서 파이썬을 접해본 이가 "파이썬으로 구구단을 짜 봐, 그럼, 파이썬은 끝이야."라고 말했던 그 날이 자연스럽게 생각 났습니다.

이 책에서 안내하는 것에 맞춰 차근차근 읽어 나가다 보면 어느새 파이썬 문법은 물론 자기 생각을 코드로 풀어내는 방법까지 익힐 수 있을 것입니다.

가벼운 마음으로 이 책에 손을 뻗어 보길 바랍니다.

끝으로 책이 나올 수 있도록 도움을 주신 영진출판사 관계자 분들께 감사드립니다.

2019년 2월

유세라

수학으로 배우는
파이썬

1판 1쇄 발행 2019년 3월 4일

저 자 다나카 카즈나리

역 자 유세라

발행인 김길수

발행처 ㈜영진닷컴

주 소 서울특별시 금천구 가산디지털 2로 123
월드메르디앙벤처센터 2차 10층 1016호

등 록 2007. 4. 27. 제 16–4189호

ISBN 978–89–314–5985–2

YoungJin.com **Y.**
영진닷컴